# 机构投资者与
# 上市公司治理研究

钱露 著

WUHAN UNIVERSITY PRESS

武汉大学出版社

**图书在版编目(CIP)数据**

机构投资者与上市公司治理研究／钱露著. -- 武汉：武汉大学出版社，2024.12. -- ISBN 978-7-307-24536-5

Ⅰ. F279.246

中国国家版本馆 CIP 数据核字第 2024ZB4165 号

责任编辑:陈 红    责任校对:鄢春梅    版式设计:马 佳

出版发行:**武汉大学出版社** （430072 武昌 珞珈山）

（电子邮箱:cbs22@ whu.edu.cn 网址:www.wdp.com.cn）

印刷:武汉邮科印务有限公司

开本:720×1000 1/16 印张:11.25 字数:182 千字 插页:1

版次:2024 年 12 月第 1 版 2024 年 12 月第 1 次印刷

ISBN 978-7-307-24536-5 定价:48.00 元

# 目　　录

# 导　论

## 一、问题的提出

机构投资者，主要指证券投资基金、养老保险基金、商业保险公司、投资信托公司和证券投资公司等法人投资主体。在西方发达国家，伴随着证券市场的发展，机构投资者在股票投资中的比例逐渐上升，机构投资者对证券市场和上市公司的影响逐步扩大。以美国为例，以养老基金、投资公司、保险公司、银行和各类基金会为主体的机构投资者在全部股票中的持股比例，1950 年为 6%；1980 年为 37%；2008 年进一步提高为 66%，其中在前 1000 大上市公司中的持股比例更是高达 76%[①]。

伴随着机构投资规模的扩大以及政策环境的变化，机构投资者与上市公司的关系也悄然变化。20 世纪 80 年代中期以前，由于实力不足、流动性偏好以及受法规体系限制等原因，美国机构投资者在行为方式上往往奉行"华尔街准则"，即对公司经营绩效不满时，就在股票市场上抛售手中持有的股票，又被形象地称为"用脚投票"。20 世纪 80 年代中期以来，随着机构投资者的持股比例上升，政府管制的放松与积极推动以及机构投资者采取指数化投资战略，机构投资者在行使股东权利方面变得积极，最终形成了被称为"资本革命"的"股东积极行动"（shareholder activism），对美国乃至世界各国公司治理产生了深远影响。机构投资者在上市公司治理中的作用也受到人们越来越普遍的关注和重视。

1990 年和 1991 年，上海证券交易所和深圳证券交易所相继宣告成立，标志着我国股票市场正式建立。在我国股票市场发展的初期阶段，股票投资以个人投

---

① 徐磊. 美国散户投资者比例跌至新低. 第一财经，2008-09-03.

资者为主，股票市场投机炒作盛行，价格波动剧烈，股票价格与上市公司绩效缺乏内在的联系，而上市公司的绩效普遍较差。这种状况严重影响了股票市场的发展。许多学者认为，机构投资者发展不足和股票投资者结构不合理，是其重要原因。

为了促进股票市场的稳定发展，政府监管部门出台了一系列促进机构投资发展的政策和措施。1997 年，我国颁布了《证券投资基金管理暂行办法》，开始推动基金业的发展。2000 年，中国证监会提出"超常规发展机构投资者"，并且出台了《开放式证券投资基金试点办法》。2002 年，《外资参股基金管理公司设立规则》开始实施。2004 年 1 月 31 日，国务院颁布《关于推进资本市场改革开放和稳定发展的若干意见》。同年 6 月 1 日，《证券投资基金法》正式实施，以法律形式确认了基金业在证券市场中的地位和作用，投资基金发展进入新的时期。近年来，尤其是 2006 年以来，中国证券投资基金出现了爆发式的增长。2003—2007 年，我国银行储蓄存款的平均增长率为 13%，保险业资产规模的平均增长率为 35%，而证券投资基金资产规模的平均增长率却高达 109%。截至 2007 年 12 月 31 日，中国共有 58 家基金管理公司，基金份额 22334 亿元，基金资产净值 32786 亿元。基金资产持有股票市值达到了 24719.8 亿元，占沪深股市流通市值的比重已达到 26.7%，基金平均份额达到了 61 亿元，而基金平均资产净值达到了 89 亿元。同时，证券公司、保险基金和合格境外投资者等机构投资者也获得了迅速发展。截至 11 月底，我国各类机构投资者持股市值已达流通市值的 50%以上。①

中国的机构投资者的不断壮大，促进了证券投资主体结构的改变。但是，对我国机构投资者的作用却存在广泛的争议。2000 年，《财经》杂志 10 号以《基金黑幕》为题，揭示了我国基金在股票交易中出现的操纵股市、与上市公司合谋等多种违规和违法问题，引起了市场震动。此后，尽管监管部门采取了一系列加强对机构投资者监管的措施，但人们对机构投资者作用的争议持续不断。这种争议主要集中在两个方面：一是机构投资者的发展是否具有稳定股票市场的作用；二是机构投资者的发展是否有利于改善上市公司的治理，从而是否能够促进上市

---

① 尚福林．提高机构资金入市比例．中国证券报，2008-12-03（A01）．

公司绩效的提高。我们知道，上市公司的绩效是上市公司质量的综合表现，完善的治理结构是提高上市公司绩效和质量的基本保证，而上市公司的绩效和质量是股票市场长期稳定发展的基础。因此，有关机构投资者的发展是否有利于改善上市公司治理的争议，不仅关系到我国机构投资者的发展，还关系到上市公司和整个资本市场的发展。

那么，我国机构投资者究竟是否参与了上市公司治理呢？如果参与了上市公司治理，对完善上市公司治理产生了什么样的作用？对公司绩效产生了何种影响？这种影响背后的原因是什么？各种不同类型的机构投资者对公司绩效的影响是否有所不同？如果有，这种不同是由什么原因造成的？如何进一步促进机构投资者发挥公司治理作用？为了促进上市公司治理的改善和绩效的提升，最终推动资本市场的健康发展，必须深入研究机构投资者在公司治理中的作用。

## 二、研究的理论与现实意义

在我国资本市场发展的初期阶段，上市公司大多由传统的国有企业改造而来，国有股和法人股等非流通股占据了主要地位，流通股的比例约 1/3，上市公司的股权结构不仅集中，而且流通股与非流通股分置，同股不同权、不同利。在这种情况下，上市公司的经营权大多被国有股、法人股等非流通股东所控制，加上我国对投资者保护机制不完善，国有股和法人股为主的控股股东对中小股东的利益侵占现象严重，成为我国公司治理主要的代理问题，导致内部治理失效。虽然我国于 2005 年开始已经逐步实行股权分置改革，但是短期内还无法改变原来的控股股东对上市公司的主导地位。因此，对控股股东的监督与制衡就成为上市公司治理的首要问题。

一般认为，机构投资者相对于个人投资者具有集中资金、专家管理、组合投资等优势，具有较强的选股和择时能力，倾向于长期投资和价值投资。发展机构投资者不仅可以提高股票投资的收益，还可以集中广大中小股东的力量，对控股股东进行监督，缓解代理问题，从而改善我国上市公司治理并提高公司绩效，从而有利于提高上市公司的绩效并促进股票市场的健康发展。

但是，机构投资者参与公司治理，促进上市公司绩效提高是有一系列条件的。机构投资者可以集中社会资金，并通过集中持股，使其投资占上市公司股份的比例达到较大数量，因而可以被看成公司代理问题的潜在控制者，但这仅仅只是一种可能性，能否成为实际的控制者，不仅取决于机构投资的动机及能力，还取决于相关的政策法规和上市公司的股权结构。在我国，《证券投资基金法》和《上市公司治理准则》均已赋予机构投资者参与公司治理的权利，但至今还存在许多不利于机构投资者参与上市公司治理的阻碍因素。机构投资者参与上市公司治理后，能否起到完善上市公司治理结构与机制的作用，能否促进上市公司的绩效，取决于更多的因素。这不仅涉及上市公司的治理制度、股票市场的监管，还涉及机构投资者自身的制度安排和治理等多个方面。

本书研究机构投资者与上市公司治理，旨在从理论上深入分析机构投资者参与公司治理的动机和条件；通过考察典型案例和利用相关统计资料，实证检验我国机构投资者参与上市公司治理的实际作用；然后有针对性地提出政策建议。这对于规范机构投资者行为，完善上市公司治理结构与机制，促进我国股票市场持续稳定发展具有重大的理论与现实意义。

## 三、重要概念界定

### （一）公司治理

"公司治理"概念最早出现在经济学文献中的时间是 20 世纪 80 年代初期。公司治理起源于公司内部所有权与经营权分离所引起的委托代理问题。要了解公司治理理论的发展，必须正确认识公司内部所有权与经营权分离所引起的委托代理问题。

公司内部所有权与经营权分离所引起的委托代理问题，自公司产生之初就已存在。亚当·斯密（1776）就曾指出，"在钱财的处理上，股份公司的董事们是为他人尽力，而私人合伙公司的伙员则纯为自己打算。所以，要想股份公司的董事们监视钱财用途，像私人合伙公司伙员那样用意周到，那是很难做到的"。Berle 和 Means（1932）认为："到 20 世纪 20 年代末，经营者控制股份企业的财产经营已成为一个普遍能观察到的事实，股份公司的发展已实现了所有权与控制权的分离。"① 这实际上已经触及公司治理要解决的核心——委托代理问题。

近 20 多年来，西方经济学家将产权理论、契约理论、信息经济学和资本结构理论等引入对公司治理的研究，使公司治理理论得到了长足的发展，既有大量的规范研究的理论成果，又有大量的实证分析成果。如近 20 多年来，公司治理理论得到了长足的发展。但是，至今对公司治理仍存在多种不同的定义。如张维迎（1999）认为：公司治理就是这样一种解决股份公司内部各种代理问题的机制。它规定着企业内部不同要素所有者的关系，特别是通过显性和隐性的合同对剩余索取权和控制权进行分配，从而影响企业家和资本家的关系。Zingales（1997）认为："公司治理涉及所有权的配置、资本结构、管理者的激励计划、兼并收购、董事会、来自机构投资者的压力、产品市场竞争、劳动力市场竞争、组织结构等一系列影响准租金（quasi-rent）分配过程的机制"，这里的准租金是由于不完全合约所导致的。因此，他定义"公司治理是一系列影响事后公司准租金讨价还价的约束"②。John 和 Senbet（1998）认为："公司治理是公司的相关利益者对公司内部人及管理者实施控制并且使其利益得到保护的机制③"。公司的利益相关者包括公司股东、债权人、公司职员、供应商和其他利益相关的团体。La Porta 等（2000）认为："公司治理是外部投资者保护自己的投资不被经理或大股东等内部人占用的一系列机制"。④ 他们给出了占用的很多形式，这些占用即为 Jensen 和 Mecking（1976）提出的代理问题的核心。

在我们看来，公司治理可以区分为狭义与广义两种。狭义的公司治理是指所有者（股东）对公司管理者监督与制衡的正式制度，其目标是保证股东利益的最大化，防止经营者对所有者权益的背离。狭义的公司治理主要涉及所有者（股

① Berle, A. A. and Means, G. C. The modern corporation and private property. London: Macmillan, 1932: 210.

② Zingales, L. The new palgrave dictionary of economics and the law. London: Macmillan, 1997: 32.

③ John, K., and L. Senbet. Corporate governance and board effectiveness. Journal of Banking and Finance, 1998, 22 (5): 371-403.

④ La Porta et al. Investor and protection and corporate governance. Journal of Financial Economics, 2000, 58 (12): 3-27.

东）与公司管理者之间的权力、责任与利益关系，主要考虑公司内部股东大会、董事会、监事会及管理层等内部制度的安排。广义的公司治理是指一整套规范公司与社会各方面关系的正式和非正式的制度。涉及的利益相关者不仅包括股东和公司管理者，还包括更为广泛的利益相关者，如股东、债权人、供应商、雇员、政府和社区等与公司有利益关系的集团。公司已不仅仅是股东的公司，而是一个利益共同体，公司治理的目的不仅是股东利益的最大化，而是协调公司与所有利益相关者之间的关系，以保证公司决策的科学化，从而最终维护公司各方面的利益。同时，公司的治理机制也不仅限于以治理结构为基础的内部治理，而是利益相关者通过一系列内部、外部机制来实施共同治理。因此，公司治理的制度不仅包括正式的制度，如法律和公司章程规定的内部治理结构，而且包括非正式的制度，如公司治理的习惯做法、有关公司治理的文化等。本书主要在狭义上使用公司治理的范畴，即主要研究机构投资者在公司内部治理中的作用。

（二）大股东、次大股东、小股东、控股股东、少数股东

本书中的大股东（large shareholder 或 blockholder）主要是指持有某公司的股份达到了一定比例，在公司治理中具有绝对的主动控制权，可以直接或间接控制公司业务经营、财务或者人事任免的股东。持有一定的股权比例是大股东是否具有控制力的重要条件，而是否具有控制力，对大股东的行为有着决定性的影响。因此，判断是否成为公司大股东，不仅要考虑其所持股份是否达到某一比例，更应考察其是否实际拥有对公司的控制力。这正如 Alclaim 和 Demsetz（1972）所言："在评价股东权力的重要性时，并不是通常的投票权力的分散，而是将投票冻结到决定性的变化的频率。"① 齐彬（1999）的表述更为直白："大股东与小股东是一组相对应的概念，这对概念是由具体公司股权结构反映出来的，它表明的是权力关系而不是单纯的固定数字比例。"② 一般来说，股东在以下两种情况

---

① Alchian, A. A, and Demsetz, H. Production, information costs, and economic organization. The American Economic Review, 1972, 62（5）：777-795.

② 陈雨露，汪昌云. 金融学文献通论. 北京：中国人民大学出版社，2006：669.

下可以获得公司的实际控制权，成为大股东：一是持有51%以上的股权；二是虽未持有51%以上股权，但是其持有的股份，足以排除其他股东对公司的实际控制权。

次大股东是指持有公司股份数较多，但是不足以构成对公司的绝对控制权的股东，其持股数介于大股东与中小股东之间。小股东是和大股东对应的概念。小股东不仅持股量少，更重要的是，他们凭借着各自的股权对公司不具有控制力，无法左右公司的业务经营、财务或者人事任免。控股股东（the controlling shareholder）主要指持股比例处于绝对控股或相对控股地位的股东。根据通行分类，一般将控股方式分为绝对控股和相对控股。绝对控股一般是指直接或间接持股比例达到51%以上。而相对控股则根据实际情况来定，并无统一标准，但必须是直接或间接持股量居于全部股东的首位。

"大股东"和"控股股东"这两个概念虽然有些交叉，但还是有重要区别。这是因为在现实情况中，确实有一些股东，他们的持股比例并不低，甚至是名义的第一大股东，但却没有对公司形成控制力。这些股东在文献中往往被称为"消极股东（inactive shareholder）"。他们不行使控制权或者无法行使控制权的原因很多。例如，法律对其实施控制权有明确的限制，或者一些投资者出于分散投资的需要，他们对公司的持股仅作为股权投资来进行管理，无法或不愿参与到公司内部的具体管理中来。所以"控股股东"还是从持股比例这一单一角度来定义，其内涵与"大股东"并不一致。

少数股东（the minority shareholder）是与控股股东对应的一个概念，主要指持股量少的股东。由于持股量较少，难以形成对公司的控制力，一般属于小股东。值得注意的是，随着金融创新，通过建立金字塔式持股（pyramids），交叉持股（cross ownership）以及二元种类股票（dual class equity）等方式，少数股东可以获得超过一定比例的投票权，从而取得对公司的绝对控制权。在这种情况下，持股比例和相应拥有的现金分红权可能不高，但是该股东拥有的投票权可能达到控制公司的水平。我们将这类股东归入大股东之列。

（三）股东监督、股东积极主义、参与治理

虽然在日常运作中，对公司运作的监督是由董事会这样的机构来组织实施，但是董事会和董事的行为同样也会受到股东的监督。股东可以推举所信任的董事候选人，罢免不称职的董事，还可以在股东大会上决定董事的薪酬水平。因此，从法律的角度看，股东的监督权是股东权的一种体现形式。由于股份公司的层级化组织特征，股东并不能直接干预公司日常经营。他们的意志往往通过董事会和股东大会等机构来间接实现。虽然法律上股东拥有监督权，但是实践中，小股东不愿或者无法实施监督权，而由大股东实施监督权是经济和可行的。

本书中的股东积极主义主要是指行使股东权利，介入公司治理的行为，即"用手投票"。股东积极主义主要还是针对股东在购买股票进而获取控制权之后，对公司决策意图影响和控制的行为。由于小股东难以克服"搭便车"的消费心理，在股权分散的西方国家中，虽然也存在个人股东的积极主义行为，但是主要还是落实在持股比较集中的大股东身上。

股东积极主义是比股东监督内涵更加丰富的概念，股东监督的一些诸如选任董事、罢免董事、召集股东大会、参加股东大会等措施可以看作股东积极主义的各种手段。除此之外，与广大小股东不同的是，大股东还可以利用其对公司经营层的独特影响力来实现其目的和意志。这种独特的影响力表现在公司的大股东往往和经理层有各种联系渠道，大股东便于实施自身的影响力和控制力。

本书中的机构投资者参与治理是指监督并且改变公司不以股东利益最大化为目标的治理结构①。机构投资者参与治理主要是以股东利益最大化为目标，而且主要是以内部治理为主。与股东积极主义相比，参与治理是个范围相对狭窄的概念，后者属于前者范畴之内，是前者的一个部分，这是因为：第一，从行动的内容与目标来看，机构投资者参与治理主要关注目标公司治理情况，以股东利益最大化为目标，体现的是股东利益至上原则；而股东积极主义不仅关注目标公司治理情况，还关注社会事务等内容，由于机构投资者作为股东积极主义的主体，其自身也可能存在代理问题，因此其积极主义行为并不都是以股东价值最大化为目

---

① 在西方股东积极主义的文献中，由于研究的对象和范围不同，对积极主义的定义也不同，有些对积极主义的定义比较宽泛，把一切股东针对公司的绩效和表现所做出的一系列反应的行为都称为积极主义，有些则比较狭窄，只将监督并且改变公司不以股东利益最大化为目标的治理结构的行为定义为积极主义。本书中的机构投资者参与治理的定义其实属于狭义的股东积极主义行为。

标，其中某些行为可能是为了追求某些政治目标或者实现机构投资者的私利，股东积极主义体现了相关利益者原则。第二，从行动主体来看，参与公司治理的主体主要是机构投资者，而股东积极主义的主体多种多样，不仅包括机构投资者，还包括个人投资者和宗教团体等。第三，从投资期限来看，股东积极主义的投资期限具有随机性，包括长期投资和短期投资，而机构投资者参与公司治理主要是长期投资。股东积极主义与机构投资者参与治理的区别见图 0-1。

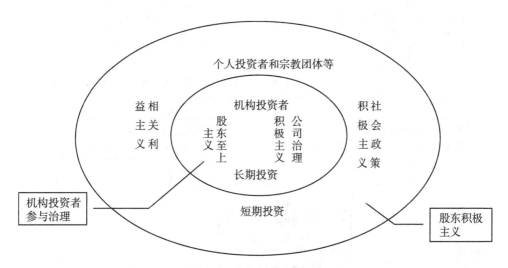

图 0-1　股东积极主义与机构投资者参与治理的区别

## 四、本书基本结构和研究方法

### （一）本书结构

图 0-2 是本书的逻辑框架结构简图。

由图 0-2 可以看出，本书由四部分构成，具体安排如下：

第一部分由导论和第一章构成。导论部分阐述本书选题的背景、选题的理论和现实意义、本书的基本结构和研究方法、本书的创新点和有待深化的问题。第一章对已有的关于机构投资者参与公司治理的理论和实证成果进行梳理和述评，从机构投资者参与公司治理的动力机制、影响机构投资者参与公司治理的因素、

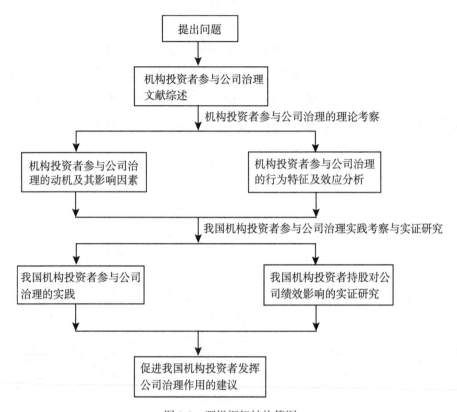

图 0-2　逻辑框架结构简图

机构投资者参与治理的途径与机制、机构投资者对公司治理的影响以及机构投资者参与治理对公司绩效的影响等五个方面系统介绍了国外学者关于机构投资者参与公司治理问题研究的现有成果。

第二部分由第二、三章组成。第二章主要阐述机构投资者参与治理的动机及其影响因素。首先，考察了机构投资者的特征，包括机构投资者的决策人的特征、作为代理人具有的法律和经济特征以及双重委托代理关系可能引发的问题。其次，根据机构投资者的决策人的特征分析机构投资者参与公司治理的动机。根据机构投资者的决策人的特征，他是追求自身利益最大的有限理性人。机构投资者是否参与上市公司的治理，取决于他参与公司治理收益与成本的比较。再次，根据机构投资者参与公司治理收益与成本的比较，拟分析来自机构投资者内部，目标公司以及外界环境三方面影响机构投资者参与公司治理的因素。最后，第二章以投资集中度为例，采用绝对净收益标准运用模型分析了机构投资者参与公司治理的决策过程，并且采用相对监督收益的标准运用博弈模型分析了投资策略、目标公司股权结构对机构投资者参与治理的影响。本书主要通过机构投资者与经理的博弈分析投资策略对机构投资者参与公司治理的影响，通过机构投资者与中小股东以及机构投资者的博弈分析目标公司股权结构对其参与公司治理的影响。第三章阐述机构投资者参与治理的行为特征及效应分析，其中主要从机构投资者对公司代理问题、公司治理结构、经营决策以及绩效等方面来分析其参与治理的效应。

第三部分由第四、第五章构成。第四章首先分析我国机构投资者参与公司治理的意义，主要从机构投资者参与公司治理可以完善我国上市公司股权结构，进而完善我国上市公司治理结构的角度来分析。其次拟分析我国机构投资者参与治理的可行性，主要从证券投资基金和全国社保基金等压力不敏感型机构投资者的壮大、股权分置改革的推进以及价值观念形成等方面来阐述我国机构投资者参与公司治理的条件。再次通过 ST 德豪缩减小家电业务事件等案例对我国机构投资者参与公司治理的情况进行分析。最后分析影响我国机构投资者发挥公司治理作用的不利因素。第五章实证检验我国机构投资者对公司绩效的影响。拟以证券投资基金和证券公司分别为压力敏感型和压力不敏感型机构投资者的代表，以 2004 年至 2006 年间证券投资基金连续重仓持有和证券公司重仓持有的公司为样本，结合现阶段我国市场的特点和统计数据的可获得性，主要采用会计指标法和 Tobin's $Q$ 法来作为公司绩效的度量方法，运用计量方法，分别检验了证券投资基金和证券公司持股与上市公司绩效的关系。

第四部分由第六章构成。提出促进我国机构投资者发挥公司治理作用的建议。

（二）研究方法

1. 理论推理与实证检验相结合

经济学是一门实证的科学，实证分析是经济学的基本方法。这一方法包括两个相互联系、相辅相成的部分或阶段，即理论推理和实证检验。

　　理论推理的任务是提供一个概括的体系，对现实经济关系本身究竟是怎样的问题做出理论上和逻辑上的分析和解答。理论推理可以通过两种形式来进行，一种是纯理论的语言逻辑的分析，运用各种概念及概念间的逻辑关系演绎出自己的观点或者假说；另一种是用抽象的数学模型去概括某一经济现象或说明某一经济问题，然后运用数学的语言去推导出相应的理论假说。本书采用了这两种方法，例如，在第三章中先从理论上推理出机构投资者参与公司治理可以保护投资者利益这一观点，接着数学模型证明了这一观点。

　　理论实证的结果需要有经验实证来验证。所谓经验实证，就是指对理论实证得出的理论结论或理论假说进行经验检验的过程。任何理论结论只有被经验实践所证实，才能成为正确的科学理论。把理论结论或从逻辑演绎中观察到的未知事实与经验证据加以比较，如果两者基本相符，理论结论方能成立。本书第五章采用了实证检验的方法对证券投资基金与证券公司持股对公司绩效的影响进行了经验验证。

　　2. 规范分析方法

　　规范分析方法是以一定的价值为基础，提出某些标准作为分析处理经济问题的标准，树立经济学理论前提，作为制定经济政策的依据，并研究如何才能符合这些标准。本书使用经济学中成本-收益分析的方法分析了影响机构投资者参与公司治理的动机的因素，然后根据这些因素分析阻碍我国机构投资者参与公司治理的因素。

## 五、本书的创新点和有待深化的问题

### （一）本书的创新点

　　归纳起来，本书的创新点主要体现在以下几点：

　　1. 对国外有关机构投资者参与公司治理及其对公司绩效作用的文献进行了系统梳理和评述

　　目前我国对国外有关机构投资者参与公司治理及其对公司绩效作用的文献的综述还比较零散，只关注于一个或几个问题，还不够系统与深入，比如大多数研究只关注于机构投资者参与治理对公司治理结构，运营等方面的影响。在广泛搜集国外有关文献的基础上，本书对机构投资者参与公司治理的动力机制以及影响这种动机的因素、理论和实证方面机构投资者持股对公司绩效的影响、不同类型的机构投资者持股以及同一种类型的机构投资者持股对公司绩效影响的差异性、机构投资者参与治理的目标公司的特征等方面的文献进行了归纳和梳理。最后对现有文献进行简要评述。

2. 对机构投资者参与公司治理的动机及其主要制约因素进行较为全面和系统的分析

目前关于影响机构投资者参与公司治理的动机及其主要制约因素的分析还不够系统，主要从理论分析，较少采用模型分析的研究，而且主要采取成本-收益的绝对净收益为机构投资者是否参与公司治理的标准，较少有研究将相对监督收益的标准作为机构投资者是否参与公司治理的标准，相关的模型就更少。本书以绝对监督净收益和相对监督收益为标准，从理论层面分析了来自机构投资者内部、目标公司、环境的影响机构投资者参与治理的因素。接着，本书采用绝对净收益的标准运用模型分析机构投资者投资集中度这一因素对其参与公司治理的影响，还采用相对监督收益为标准运用博弈模型分析机构投资者的投资策略和目标公司股权结构这两个因素对机构投资者参与公司治理的影响。

3. 对机构投资者持股对公司绩效的影响进行了实证检验，并分别检验了两类不同机构投资者持股对公司绩效的影响

西方关于机构投资者参与公司治理的文献主要集中在机构投资者参与公司治理对公司治理结构、公司行为产生的一系列影响，但是检验机构投资者持股对公司绩效影响的实证研究比较少，而且得出的结论也不一致。另外这些实证研究主要考察的是西方发达国家，对新兴国家关注较少。目前国内对机构投资者持股与公司绩效的关系的研究尚处于起步阶段，即使有些研究，还不够系统和深入，一般是使用机构投资者持股比例与公司绩效进行回归，没有考虑到一些对公司绩效有影响的因素对结论的影响，对于可能出现的内生性问题处理得不够完善，并且没有考虑行业因素以及不同年份的宏观经济环境变化对结论的影响，而且没有对结果进行稳定性检查。本书运用变截距面板数据的固定效应模型，以消除不为人察觉的个体因素对结论的影响，同时还采用行业调整公司绩效，以排除行业因素对结论的影响，另外还引入一些对公司绩效有影响的因素作为控制变量，以剔除

它们对公司绩效的影响。为了避免内生性问题，引入去年的市场调整的股票收益作为控制变量，并且把机构投资者持股比例对公司绩效滞后一期进行回归。考虑到宏观环境变化对研究结论的影响，本书引入年份的虚拟变量，最后对结论进行了稳定性检查。

在对机构投资者持股对公司绩效影响的实证检验中，本书分别检验了两类不同机构投资者持股对公司绩效的影响。目前我国系统检验不同类型机构投资者对公司绩效影响的研究还比较少，有些文献注意到不同类型机构投资者参与公司治理的行为有所不同，但只是从理论上阐述，没有进一步从实证上检验不同类型机构投资者持股对公司绩效的影响。由于证券投资基金为我国主要的压力不敏感型机构投资者，证券公司为我国主要的压力敏感型机构投资者，本书从压力敏感型和压力不敏感型这一分类方法入手，选取我国证券投资基金和证券公司作为样本，分别研究压力不敏感型机构投资者和压力敏感型机构投资者持股对我国上市公司绩效的影响。

（二）有待深化的问题

1. 没有研究其他类型机构投资者持股对公司绩效的影响

本书分别选取证券投资基金和证券公司作为压力敏感和压力不敏感型机构投资者的代表进行研究，事实上还有社保基金、保险公司、企业年金、QFII 等其他类型机构投资者，由于其他类型的机构投资者的投资规模较小，影响力有限，或者缺少公开的统计资料，或者按照本书样本选取的标准，能够获得重仓股比较少，因此，本书没有对其他类型的机构投资者进行研究，这也是下一步研究的方向。

2. 没有研究不同类型的证券投资基金持股对公司绩效的影响

本书主要研究的是证券投资基金这个整体对公司绩效的影响，而证券投资有许多类型，包括股票型、积极配置型、普通债券型、货币型、保守配置型、保本型、短债型等，不同类型和投资风格的机构投资者对公司绩效的影响是不同的，那些投资组合中包括股票的证券投资基金才有可能影响上市公司治理和绩效，而那些没有投资于股票的证券投资基金则对上市公司治理与绩效可能并无影响，这将是今后研究的方向。

# 第一章 机构投资者参与公司治理的文献综述

国外关于机构投资者参与公司治理的研究文献很多，本章将从以下几个方面对现有的成果进行梳理和综述：一是机构投资者参与公司治理的动力机制；二是影响机构投资者参与公司治理动机的因素；三是机构投资者持股对公司绩效的影响；四是机构投资者持股对公司绩效影响的差异性；五是机构投资者参与治理的目标公司的特征。同时我们还将对现有成果进行简要的评论。

## 第一节 机构投资者参与公司治理的动力机制

国内外学者从不同角度研究了机构投资者参与治理的动力机制，并得出了不同的结论，归纳起来大致有二种观点：一种观点认为机构投资者持股数较多，较高的持股份额可以合理化其监督成本支出，此外他们还负有信托投资的责任，从而使得他们具有参与公司治理的动机；另一种观点认为机构投资者目标短视、监督成本、利益冲突、委托人之间的目标冲突、机构投资者的代理问题以及政策法规限制等问题的存在使得机构投资者没有参与公司治理的动机。

### 一、机构投资者具有参与公司治理的动机

机构股东有效治理理论的支持者认为机构投资者会积极参与到公司治理中，解决分散持股的大型公司中存在的激励与控制问题。

Grossman 和 Hart（1980）指出：在股权结构分散的公司里，拥有少量股票的外部人绝不会致力于提高公司绩效，其原因在于如果外部人持有的股票份额较少，他们可能获得的股票收益也较少，而监督公司可能支付较高的成本，所以他们监督公司是不合算的。出于同样的原因，小股东持有的股票数额也不足以使他

们承担监督公司管理的成本，所以他们不会监督公司以提高公司绩效。致力于改善公司绩效是一种公共物品，持有公司大额股份的股东会保证公共物品的供给，即致力于对公司的监督，这是因为他们是公共物品最大的消费者，他们为了能够享受到公共物品带来的好处，必须保证公共物品的供给①。

Demsetz 和 Lehn（1985）认为机构投资者可以被看成公司代理问题的潜在控制者，因为他们持续增加的股份使他们有很强的动机去监控公司的表现和管理层的行为②。Shleifer 和 Vishny（1986）认为小股东们并不能从耗费成本的监督中得到好处，而大股东们却能从中得到好处，这是因为他们能获得大部分收购公司的财富收益③。

Pound（1992）把机构投资者积极监督公司的行为看作对衰落的外部控制权市场的一种自然反应④，随着持股规模和集中度的不断增大，机构投资者通过介入公司的治理以保护他们的利益，他们作为金融中介机构负有信托投资的责任，这使他们密切监督以保护投资免遭损失⑤。

Agrawal 和 Knoeber（1996）认为，由于大型投资者的利益和它们投入公司的资金密切相关，出于自身利益的考虑，他们有动机也有足够能力去监督公司并改善公司治理⑥。

Goranova 和 Ryan（2014）认为，从整体来看，美国的股权由高度分散重新集中在更少、更大的投资者手中，这使得机构投资者有足够的能力参与公司治

---

① Grossman, S. J. , and Hart, O. D. , Takeover Bids. The free rider problem, and the theory of corpo ration. The Bell Journal of Economics, 1980, 11（1）：42-64.

② Demsetz, L. , and Lehn. K. The structure of corporate ownership：causes and consequences. The Journal of Political Economy, 1985, 93（6）：1155-1177.

③ Shleifer, A. , and Vishny, R. W. Large shareholders and corporate control. The Journal of Political Economy, 1986, 94（3）：461-488.

④ Pound, J. Beyond takeovers：politics comes to corporate control. Harvard Business Review, 1992, 70（2）：83-93.

⑤ Schneider, M. When financial intermediaries are corporate owners：an agency model of institutional ownership. Journal of Management and Governance, 2000, 4（3）：207-237.

⑥ Agrawal, A. , and Knoeber, C. Firm performance and mechanisms to control agency problems between managers and shareholders. The Journal of Financial and Quantitative Analysis, 1996, 31（3）：377-397.

理；而以公司法为依据的股东权利作为强大的自救机制，在参与治理的合法性和难易程度方面对股东活动产生直接影响，还能够通过影响公司经理的行为来间接影响股东行为，这进一步促进了机构投资者参与公司的治理①。

Bourveau 和 Schoenfeld （2017）认为，伴随着科技环境的进一步发展，股东可以利用各种方式和手段更加快速而有效地参与公司治理，如区块链技术可以大幅降低股东投票成本和公司组织成本，同时可以提高决策速度，促进股东快速有效地参与公司治理。这必定会促进机构投资者更积极地参与公司治理。与此同时，寻求使公司经理对股东更加负责的规范性变化也会进一步促进机构投资者参与到公司治理中②。

## 二、机构投资者没有参与公司治理的动机

一部分学者认为，机构投资者也许没有参与公司治理的动机：一方面，机构投资者会成为消极的投资者，当公司绩效不佳的时候，它们会选择抛售持有的股票；另一方面，它们积极主义行为可能并非追求股东价值最大化，因而不具有参与公司治理的动机。这主要出于以下几个原因：

第一，机构投资者的目标短视性、利益冲突以及监督成本使机构投资者成为消极、短期投资者，没有参与公司治理的动机。Graves （1988）认为，由于共同基金是依据基金经理每一年甚至每一季度的绩效考核来予以奖励的，因此基金经理在投资决策时不能采取长期投资的战略。③ Drucker （1986）指出，固定收益的养老金的参与者要求基金经理卖掉他们持有的股份以获得短期收益，这使养老金难以采取长期投资策略④。Maug （1998）认为对于机构投资者来说，他们的目标是保持所持有股票的流动性并希望获得短期收益，这比监督公司的管理以期获得更高的长期收益要重要而且在流动性市场上大股东可以轻易地卖掉他们持有的股

① Goranova, M. L., and Ryan, L. V. Shareholder activism: a multidisciplinary review. Social Science-Electronic Publishing, 2014, 8 (5): 715-734.

② Bourvea, T., and Schoenfeld, J. Shareholder activism and voluntary disclosure. Review of Accounting Studies, 2017, 98 (3): 731-762.

③ Graves, S. B. Institutions ownership and corporate R&D in the computer industry. Academy of Management Journal, 1988, 31 (6): 417-428.

④ Drucker, P. F. To end the raiding roulette game. Across the Board, 1996, 5 (2): 30-60.

票，这减弱了大股东监督的动机①。David 和 Kochhar（1996）认为机构投资者对投资持短视的态度，只以短期内战胜市场基准收益率为目标，这种短期主义导致他们对信息的过度反应和过度交易，不能有效监督公司经理行为；机构投资者与公司的商业联系也会阻碍他们积极、有效地监督公司②。Pozen（1994）认为机构投资者一般为消极的投资者，除非机构投资者参与治理的收益大于付出的成本，他们才会参与到公司治理中③。Webb，Beck 和 Mckinnon（2003）认为机构投资者持有的股份没有足够大，不能使他们有监督公司绩效的动机，监督公司管理带来的高额交易成本也使他们不愿意介入公司治理当中。④ Norli 等（2015）认为在机构投资者参与公司治理中常见的是"搭便车"问题。小股东与被动股东可以从机构投资者监督公司所带来的利益中分一杯羹，但却不需要付出任何代价，这种行为就被称作"搭便车"。机构投资者参与公司治理的高成本会对其参与公司治理的动机产生较大的负面影响⑤。

第二，众多委托人对机构投资者的作用有不同的要求和期望，造成他们之间的目标冲突，这会影响机构投资者在公司治理问题中发挥作用。Eaton（2002）提出，政府作为机构投资者的委托人之一迫使机构投资者投资于当地社区，支持当地公司以及创造就业岗位，政府的目标与其他股东追求自身利益最大化的目标相冲突，这种政治压力会限制机构投资者在监督公司方面发挥的作用⑥。

第三，许多政策和法规限制了机构投资者的行为，从而影响了机构投资者参

---

① Maug, E. Large shareholder as monitors：is there a trade-off between liquidity and control？Journal of Finance，1998，53（1）：65-98.

② David, P., and Kochhar R. Barriers to effective corporate governance by institutions investors：implications for theory and practice. European Management Journal，1996，14（5）：457-466.

③ Pozen, R. C. Institutional investors：the reluctant activists. Harvard Business Review，1994，72（1）：140-149.

④ Webb, R., Beck, M., and Mckinnon R. Problems and limitations of institutional investor participation in corporate governance. Corporate Governance，2003，11（2）：65-73.

⑤ Norli, O., Ostergaard, C., and Schindele, I. Liquidity and shareholder activism. The Review of Financial Studies，2015，83（2）：124-151.

⑥ Eaton, L. Judging mccall by the numbers：scrutinizing a pension fund. The New York Times，2002-10-07（B1）.

与公司治理的动机。Duggal 和 Millar（1999）指出，政策和法规限制了机构投资者持有的股份数，导致机构投资者监督公司经理行为的动机减弱。① David 和 Kochhar（1996）指出，诸多的政府条例限制了机构投资者的投资额以及他们共同行动的自由，这些影响了他们充分发挥监督作用。②

第四，机构投资者的代理问题。Romano（1993）认为公共养老金改变公司投资战略是出于政治目的和社会目标。Murphy 和 Van Nuys（1994）指出，大部分的机构投资者自身也存在代理问题和控制问题，公共养老基金经理由于受到政治影响，其积极行为并不是为了追求股东价值最大化，而是期望以此获得公共影响力以提升自己的社会地位。③

## 第二节　影响机构投资者参与公司治理动机的因素

### 一、利益冲突

Pound（1988）提出三种关于机构投资者参与公司治理积极性的假设：有效监督假设、战略合作假设，以及利益冲突假设。其中的利益冲突假设指出，如果机构投资者和他们投资的公司之间有商业联系，他们被迫投票支持公司管理层。除投资关系外，机构投资者与公司之间的商业联系有：保险公司向公司提供保险业务，银行向公司提供银行服务，基金管理机构的母公司（往往是投资银行）向公司提供融资和财务顾问服务。另外，养老基金若持有向其缴纳养老金的公司的股份，基金管理机构往往难以干预公司事务。④ Coffee（1991）指出，机构投资

① Duggal, R., and Millar, J. A. Institutional ownership and firm performance: the case of bidder returns, Journal of Corporate Finance, 1999, 5 (2): 103-117.

② David, P., and Kochhar R. Barriers to effective corporate governance by institutions investors: implications for theory and practice. European Management Journal, 1996, 14 (5): 457-466.

③ Murphy, K. J., and Van Nuys, K. Governance, behavior and performance of state and corporate pension funds. Simon School of Business Working Paper, 1994.

④ Pound, J. Proxy contest and the efficiency of shareholder oversight. Journal of Financial Economics, 1988, 20 (2): 237-265.

者参与公司治理、发挥监督作用的可能性与可行性取决于是否存在利益冲突。如果机构投资者与公司之间没有特殊的利益关系，则不会影响其监督的公正性。①

David 和 Kochhar（1996）认为机构投资者与他们投资的公司有商业联系限制了他们发挥监督作用。机构投资者的部分收入依赖于与这些公司经济上的交换，这些收入与投资股票获得的收益无关，而这些经济上的交换使得机构投资者的利益相冲突。机构投资者一方面应该通过积极干预公司管理、监督经理行为获得投资收益，另一方面如果他们干预公司的管理，公司经理便会切断与他们的商业联系来惩罚他们，机构投资者会损失那部分与公司经济交换带来的收入。一家机构投资者监督公司的动机取决于他们在商业上多大程度依赖于公司。如果他们与公司联系较为紧密，其中断与公司的商业联系造成的损失大于监督公司经理行为获得的投资收益的增加值，他们则不会参与公司治理；反之，他们会参与到公司治理中。想和公司保持友好商业联系的机构投资者不愿意干预公司管理并质疑管理行为。像保险公司和投资银行这类的金融机构和他们持股的公司有紧密的商业联系，这些商业联系使他们不能积极而有效地监督公司。②

## 二、金融制度

一些西方学者认为，在传统的法律框架下，机构投资者积极行使股东权利会受到诸多法律限制或者说会遇到许多法律风险，比如强制性的分散投资要求、对股东之间信息沟通的过分管制、积极行使股东权利与内幕交易的嫌疑、市场操纵问题等。Roe（1993）认为，机构投资者长期以来在公司治理方面保持消极立场，是与其严格的金融管制立法密切相关的。他建议顺应机构投资者积极主义的发展潮流，适时地对现行的法律框架进行必要的调整。③ David 和 Kochhar（1996）认为诸多的政府条例限制了机构投资者发挥监督作用。政府条例从两个

① Coffee, J. C. Liquidity versus control: the institutional investor as corporate monitor. Columbia Law Review, 1991, 91（6）：1277-1368.

② David, P., and Kochhar R. Barriers to effective corporate governance by institutions investors: implications for theory and practice. European Management Journal, 1996, 14（5）：457-466.

③ Roe, M. J. Political and legal restraints on ownership and control of public companies: Journal of Financial Economics, 1990, 27（1）：7-41.

途径限制了机构投资者：一是限制他们在私人公司的投资额，二是限制集团内的机构投资者们共同行动。在美国，机构投资者被禁止拥有一家公司太多的股份，并且不能和其他机构投资者共同联合起来影响公司经理。①

## 三、机构投资者的持股规模与比例

Coffee（1991）指出，机构投资者参与公司治理、发挥监督作用的可能性与可行性取决于他们的持股量，机构持有较大比例的股份，足以合理化其监督成本支出。Kahn 和 Winton（1998）区分了流动性、投机行为和参与行为，并认为机构投资者参与公司治理的行为是其持股规模的函数。Maug（1998）发现机构投资者是否影响公司决策是他们所持的股票份额的函数。如果机构投资者所持的公司股份较高，不便于出售股份从而持有较长的时间，使得他们有较大的激励去监督公司的管理。然而，当他们所持的公司的股份较低时，一旦公司绩效不佳便会清理所有的股票，从而使他们监督公司的激励较小。

## 四、投资策略

Coffee（1991）也指出，机构投资者参与公司治理、发挥监督作用的可能性与可行性取决于机构投资者是否为长期持股，如果机构投资者实行长期投资策略，公司治理的改善能为其带来长期收益。但是，机构投资者更倾向于短期投资以保持股票流动性。Maug（1998）认为，对于机构投资者来说，他们的目标是保持所持有股票的流动性并希望获得短期收益，这比监督公司的管理以期获得更高的长期收益要重要。② 这与 Coffee（1991）得出的结论相一致。

## 五、机构投资者自身的治理问题

一些学者提出了机构投资者自身建立良好的治理结构的重要性，并指出机构

---

① David, P., and Kochhar R. Barriers to effective corporate governance by institutions investors: implications for theory and practice. European Management Journal, 1996, 14 (5): 457-466.

② Maug, E. Large shareholder as monitors: is there a trade-off between liquidity and control ? Journal of Finance, 1998, 53 (1): 65-98.

投资者在治理方面同样存在着问题，这将在很大程度上影响机构投资者参与公司治理的动机。Murphy 和 Van Nuys（1994）认为，公共养老基金经理薪酬不以公司绩效为基础且设有上限，并且较之于私人养老基金经理较低，这使得他们的积极主义行为并不以追求目标公司的股东价值最大化为目标，可能会偏好于获得公共影响力以提升自己的社会地位。① Gorton 与 Kahl（2001）认为，由于机构投资者自身同样存在着治理问题，因而在公司治理中，他们很难提供良好的监督作用。② Woidtke（2002）认为，一般是从政府中选出的官员或者具有政治抱负的人担任公募养老基金经理，其积极行为更易受政治和社会因素而不是公司绩效影响，其目标和公司其他股东的目标不同，并未以股东价值最大化为目标，因而不具有参与治理的动机。③

## 六、股票市场流动性

一部分研究关注于股票市场的流动性与机构投资者参与公司治理的积极性之间是否存在交换（trade-off），即股票市场流动性的提高导致机构投资者监督积极性的下降，但并未得出一致的结论。Coffee（1991）认为流动性与机构投资者监督积极性存在交换。高流动性是对较弱的机构投资者的监督积极性的补偿，而较强的监督积极性是对低流动性的补偿。④ Bhide（1993）认为高流动性的股票市场阻碍了有效的公司治理。这是因为机构投资者更容易以较低成本在市场上出售股票，削弱了监督公司的动力。

Maug（1998）用数学方法证明流动性与控制之间不存在所谓的"交换"。相反，高流通性的股票市场有利于机构投资者参与治理，主要由于两个原因：第

---

① Murphy, K. J., and Van Nuys, K. Governance, Behavior and performance of state and corporate pension funds. Simon School of Business Working Paper, 1994.

② Gorton, G., and Kahl, M. The scarcity of effective monitors and its implications for corporate takeovers and ownership structures. Anderson Graduate School of Management Working Paper, 2001.

③ Woidtke, T. Agents watching agents?: evidence from pension fund ownership and firm value. Journal of Financial Economics, 2002, 63（1）: 99-131.

④ Coffee, J. C. Liquidity versus control: the institutional investor as corporate monitor. Columbia Law Review, 1991, 91（6）: 1277-1368.

一，高流动性的股票市场使机构投资者从参与公司治理的行动中获得超过监督成本的收益。在低流动性的市场上，他们的收益只来自所持有股票的价值上涨，而无法低成本大量购买额外的股票。在这种情况下，收益往往难以超过支付的监督成本。但在高流动性的股票市场上，机构投资者可以大量购买股票而不显著影响股票的价格。因此，如果机构投资者预期他们的公司治理行动能有效地改善公司的治理，提高公司的价值，他们可以在不引起市场注意的情况下较为方便地增加所持有的股份，从而增加未来的收益，使收益与成本的比率达到一个较为满意的水平。第二，高流动性有助于克服机构投资者所面临的免费搭车问题。机构投资者参与公司治理，使得他们比其他投资者具有信息优势，因而可以利用信息优势从交易中获得超过其他投资者的回报，这在一定程度上减少了免费搭车问题。①

姚靠华和洪昀（2009）认为在某些特殊的情况下，市场流动性对于机构投资者参与公司治理的影响表现出非单调的特点。例如，在对市场流动性进行高、中、低三个等级分类后发现，机构投资者参与公司治理的作用也随之表现为积极、负面以及无影响三个类别。而若加上最低股份约束，其整体表现则体现为：无最低股份限制时，机构投资者参与公司治理的积极性随着流动性的增长而增长，市场流动性促进了机构投资者参与公司治理的积极性；而存在最低股份限制时，其对机构投资者参与公司治理积极性的影响则取决于最低股份的限制②。Norli 等（2015）认为市场流动性与股东积极主义之间存在显著的正相关关系。因为市场流动性不仅能够有效地消除小股东搭便车所带来的影响，而且可以借助股东私人信息价值的影响，对股东干预公司治理的动机产生显著作用，并通过目标公司股票的前期活跃积累来诱导积极性，且允许积极主义者从行动中获取更多收益③。

---

① Maug, E. Large shareholder as monitors: is there a trade-off between liquidity and control? Journal of Finance, 1998, 53 (1): 65-98.

② 姚靠华，洪昀. 资本市场流动性与股东积极主义的扩展式博弈研究. 财经理论与实践，2009 (1).

③ Norli, O., Ostergaard, C., and Schindele, I. Liquidity and shareholder activism. The Review of Financial Studies, 2015, 83 (2): 124-151.

## 第三节 机构投资者持股对公司绩效的影响

### 一、机构投资者持股对公司绩效影响的理论分析

研究者对于机构投资者持股对公司绩效的影响进行了较多的讨论，得出了不同的结论，归纳起来大致有以下三种观点。

#### （一）提高公司绩效论

机构股东提高公司绩效论认为，机构投资者能够有效监督公司管理，解决代理问题，从而提高公司绩效。Stiglitz（1985）认为，一方面机构投资者相对于个人投资者具有信息优势，他们有足够的经济实力雇佣金融分析师搜集和加工信息，这使他们在较为充分地掌握信息的基础上做出决策，另一方面机构投资者还拥有投票权带来的影响力①，并且他们在监督公司管理方面的信誉与影响力不断增强②，这使得他们有足够能力监督公司管理。

Admati 等（1994）认为机构投资者能够有助于缓解大型分散持股的公司存在的激励和控制问题，从而提高公司的绩效，主要从两个方面提高公司效率和绩效：第一，机构投资者在公司较大的投资以及它们的信托责任使他们有强烈的动机去监督经理行为，这种监督会提高公司的管理效率和决策质量。第二，机构投资者对上市公司进行质量研究以选择有效率的公司投资，这使得有限的资金得到了最大程度的利用。Pound（1988）认为机构投资者与小股东相比有更多的专业技术和知识，而且规模经济使得机构投资者只需花较低的监督成本，于是机构投资者愿意监督公司管理，缓解代理问题，进而提高公司绩效。③

Chidambaran 和 John（1997）从机构股东的信息传递作用方面论证了机构股

---

① Admati, A. R., Pfleiderer, P., Zechner, J. Large shareholder activism, risk sharing, and financial market equilibrium. Journal of Political Economy, 1994, 102（5）: 1097-1130.

② Allen, F. Do financial institutions matter? Journal of Finance, 2001, 56（8）: 1165-1175.

③ Pound, J. Proxy contest and the efficiency of shareholder oversight. Journal of Financial Economics, 1988, 20（2）: 237-265.

东参与公司治理的正面作用。他们认为，比起其他投资者，机构投资者更易于从管理层得到内幕信息并将这些信息传递到资本市场，这在一定程度上克服了资本市场上的信息不对称问题，增加了公司的透明度，强化了对公司的监督，有助于缓解公司代理问题，从而提高公司绩效。① Cornett 等（2007）发现机构投资者拥有个人投资者所不具备的规模优势，所以他们具有较强的动机和能力参与公司治理，从而帮助公司提高绩效②。吴晓晖和姜彦福（2006）认为，机构投资者可以在提升公司的治理水平中发挥作用，并促进公司绩效的提升③。王雪荣和董威（2009）认为，机构投资者在持有大量股份后，会衡量监督的成本和收益，当其意识到参与公司治理的收益大于成本时，他们就会积极参与公司治理，为公司绩效的提高发挥积极作用④。高敬忠等（2011）认为，机构投资者在一定程度上可以起到监督管理层决策行为的作用，从而推动公司治理行为的标准化和专业化，对公司绩效有积极影响⑤。李争光等（2014）认为，随着机构投资者的持股比例不断增加，他们与企业互动会更加频繁，这有助于降低信息不对称问题，缓解公司两类代理问题，降低公司代理成本，进而有助于提升公司绩效⑥。

（二）无效论

第二种观点认为机构股东不能有效监督公司管理，所以对公司绩效几乎没有影响。Romano（1998）提出，大多数机构投资者参与公司治理的方式是试图改变公司的治理结构，而这种治理结构的变化对公司绩效的影响并不显著。

---

① Chidambaran, N. K., John, K. Relationship investing: large shareholder monitoring with managerial cooperation. NYU working paper, 1998.

② Cornett, M. M., Marcus, A. J., and Saunders, A. The impact of institutional ownership on corporate operating performance. Journal of Banking and Finance, 2007, 31 (6): 1771-1794.

③ 吴晓晖，姜彦福. 机构投资者影响下独立董事治理效率变化研究. 中国工业经济，2006 (5).

④ 王雪荣，董威. 中国上市公司机构投资者对公司绩效影响的实证分析. 中国管理科学，2009 (1).

⑤ 高敬忠，周晓苏，王英允. 机构投资者持股对信息披露的治理作用研究——以管理层盈余预告为例. 南开管理评论，2011 (5).

⑥ 李争光，赵西卜，曹丰，卢晓璇. 机构投资者异质性与企业绩效——来自中国上市公司的经验证据. 审计与经济研究，2014 (5).

Karpoff, Malatesta 和 Walking（1996）认为机构股东积极主义不是一种低成本、有效影响公司决策的方式。① Jensen（1993）认为，机构股东积极主义作为一种公司内部控制机制不能使经理以公司价值最大化为目标。② Black（1997）认为机构股东积极主义之所以不能影响公司绩效，是因为他们持股水平较低，不愿为干预公司付出过高的成本，在监督管理者方面的投入很少，他们所达到的效果也甚微。Koh 等（2003）认为，机构投资者一般为短线投资者，他们并不关注公司内部的治理情况，也不注重公司的长期投资价值，只在意公司能给其带来的短期回报，所以对公司绩效水平的提升帮助不大③。Parrino 等（2003）提出，大部分机构投资者是短视的，他们看重的是短期的投资业绩，不关心公司经营，从而难以对公司经营管理和公司治理产生实质影响，因此对公司绩效没有积极作用④。崔丹（2017）发现机构投资者内部之间会相互影响，同时机构投资者也受企业绩效的影响。机构投资者根据企业绩效的高低调整持股量，并非积极主动参与公司治理，改善公司运营。因此，机构投资者持股对公司绩效的提升并未发挥显著作用⑤。

（三）损害公司绩效论

机构股东损害公司论认为机构股东过多干预公司的决策与管理者工作，会妨碍公司管理者的正常工作，从而不利于公司管理并且会降低公司绩效，主要从以下三个方面对机构股东监督的效果提出了质疑。

第一，机构投资者没有监督公司的能力。Lipton 和 Rosenblum（1991）认为

① Karpoff, J. M., Malatesta, P. H., and Walking, R. A. Corporate governance and shareholder initiatives: empirical evidence. Journal of Financial Economics, 1996, 42（3）: 365-395.

② Jensen, M. C. The modern industrial revolution, exit, and the faliure of internal control system. Journal of Finance, 1993, 68（4）: 831-880.

③ Koh, P. S. On the association between institutional ownership and aggressive corporate earnings management in Australia. British Accounting Review, 2003, 35（2）: 5-128.

④ Parrino, R., Sias, R. W., and Starks, L. T. Voting with their feet: institutional ownership changes around forced CEO turnover. Journal of Financial Economics, 2003, 68（3）: 3-46.

⑤ 崔丹. 英国市场机构投资者异质性与公司业绩研究——基于机构投资者互动视角. 征信, 2017（4）.

机构投资者不具备管理企业的专业技能和经验，不能改进管理者所提出的决策，他们的政策建议对企业没多大意义，同时还有可能使管理者提出的政策无法顺利的贯彻、执行。① Goranova 等（2017）发现机构投资者持股是一把双刃剑。在公司的并购过程中，其对公司运营的监督管理作用，限制了并购活动所造成的损失，也限制了并购活动获得的收益。原因是机构投资者的监管行为减少并购风险的同时，也限制了高管才能的发挥②。

第二，机构投资者短视地关注短期收益。Heard 与 Sherman（1987）认为，机构股东更注重短期收益而忽视企业长期的稳定性。机构股东更为注重企业短期内的市场表现，因而会妨碍管理者提出的一些只有在长期才能见效的计划，这将不利于企业的长期发展。③

第三，机构投资者自身也存在代理问题。Pound（1988）认为机构股东积极主义可能并非追求目标公司价值最大化，而是机构投资者管理者的私利，他们发现与目标公司经理双方合作可以互利，这种合作削弱了机构投资者监督公司带来的正面价值效应，机构投资者与公司价值存在负相关关系。④ Romano（1993）认为，机构投资者的目标与企业价值最大化的目标并不一致，其目标常常包含社会性或政治性的因素，其主张的政策会妨碍公司运作，从而损害了公司绩效。⑤ Murphy 与 Van Nuys（1994）认为，机构股东内部同样存在代理问题和控制权与所有权分离的问题。机构股东积极主义的行为目标不一定是提高目标公司的绩效，而是基金管理者本人的目标，因而存在基金管理者为个人利益而损害目标公

①　Lipton, M., and Rosenblum, S. A. A new system of corporate governance: the quinquennial election of directors. University of Chicago Law Review, 1991, 58 (3): 187-253.

②　Goranova, M. L., Priem, R. L., Ndofor, H. A., and Trahms, C. A. Is there a "dark side" to monitoring? Board and shareholder monitoring effects on M&A performance extremeness. Strategic Management Journal, 2017, 168 (11): 2285-2297.

③　Heard, J., and Sherman, H. D. Conflicts of interest in the proxy voting system. Investor Responsibility Research Center, 1987: 99-100.

④　Pound, J. Proxy contest and the efficiency of shareholder oversight. Journal of Financial Economics, 1988, 20 (2): 237-265.

⑤　Romano, R. Public pension fund activism in corporate governance reconsidered. Columbia Law Review, 1993, 93 (4): 795-853.

司利益的可能性。① Carleton，Nelson 和 Weisbach（1998）发现任命女性和少数民族人员成为公司董事，以增加董事会成员的多样性的提案会妨碍公司运作，从而降低公司价值。② Woidtke（2002）认为公共养老基金经理主要追求政治和社会目标，而不是股东价值最大化，而这种从政治目的出发对公司施加的影响会降低公司绩效。③

## 二、机构投资者持股对公司绩效影响的实证检验

机构投资者持股到底对目标公司绩效有没有影响呢？如果有，这种影响是正向还是负向的呢？许多学者通过不同的方法和样本对这一问题展开了实证分析，主要有三种不同意见：

### （一）机构投资者持股提高公司绩效的实证研究

有部分学者通过实证研究发现，机构投资者持股有助于提高目标公司绩效。McConnell 和 Servaes（1990）研究了机构投资者持股与公司绩效的关系，他以1976 年的 1173 家公司和 1986 年的 1093 家公司作为样本，使用托宾 $Q$ 作为衡量公司绩效的指标，把托宾 $Q$ 对机构投资者持有的股份做回归，发现机构投资者持有的股份的回归系数显著为正，表明公司绩效和机构投资者所持的股份存在显著的正向关系，机构投资者提高了公司绩效。④

Nesbitt（1994）研究了加利福尼亚州公务员退休系统（The California Pubic Employees' Retirement System，以下简称 CalPERS）对目标公司业绩的影响。他以1987 年至 1992 年间的 42 家目标公司为样本，使用公司股价收益作为衡量公司绩

---

① Murphy, K. J., and Van Nuys, K. Governance, behavior and performance of state and corporate pension funds. Simon School of Business Working Paper, 1994.

② Carleton, W. T., Nelson, J. M., and Weisbach, M S. The influence of institutions on corporate governance through private negotiations: evidence from TIAA-CREF. Journal of Finance, 1998, 53（4）: 1335-1362.

③ Woidtke, T. Agents watching agents?: evidence from pension fund ownership and firm value. Journal of Financial Economics, 2002, 63（1）: 99-131.

④ McConnell, J. J., and Servaes H. Additional evidence on equity ownership and corporate value, Journal of Financial Economics, 1990, 27（2）: 595-612.

效的指标，并描绘出 CalPERS 介入公司治理以后各年的股价收益，通过观察股价收益的走势得出结论，认为在 CalPERS 介入公司治理以后改善了公司在股价方面的长期绩效。[1]

Clay（2002）研究了机构投资者持股对公司价值的影响，结果表明机构投资者持股对公司价值有正效应，机构投资者所持股票每增加 1%，公司的市场价值与账面价值之比增加 0.6%，机构投资者的价值效应是内部人持股的 3 倍。[2] Yuan 等（2007）研究了共同基金持股对公司绩效产生的影响。他使用 2001 至 2005 年间在深交所和上交所上市的非金融机构类中国上市公司作为样本，使用 Tobin's $Q$ 和会计收益作为衡量公司绩效的指标，把衡量机构投资者持有的股份对衡量公司绩效的指标分别作回归分析，结果表明四个回归系数都显著为正，这说明共同基金持股对公司绩效有正效应。[3] Hoang L 和 Fariborz M（2017）研究了美国资本市场上的机构投资者与公司绩效之间的关系，发现机构投资者的持股比例越高，上市公司内部管理的整体水平就越高，公司绩效水平就越高[4]。

李争光等（2014）发现机构投资者整体对公司绩效有显著的提升作用。稳定型比交易型机构投资者在对公司缓解信息不对称和降低委托代理冲突等方面的作用更加显著，稳定型机构投资者对公司绩效的提升有显著的积极影响[5]。夏宁、李民（2014）对代理成本是否在机构投资者与公司绩效之间发挥中介效应的研究中发现机构投资者整体持股对企业绩效，特别是国有企业绩效发挥了显著的积极作用，但代理成本并不在二者之间发挥中介效应。这是由于国有企业中的"内部

① Nesbitt, S. L. Long-term Rewards from shareholder activism：a study of the "calpers" effect. Journal of Applied Corporate Finance, 1994, 6（1）：75-80.

② Clay, D. G. Institutional ownership and firm value. University of Southern California Working Paper, 2002.

③ Yuan et al. Mutual funds' ownership and firm performance：evidence from China. Journal of Banking and Finance, 2007, 32（8）：1552-1565.

④ Hoang, L., and Fariborz, M., et al. How do foreign institutional investors enhance firm innovation. Journal of Financial and Quantitative Analysis, 2017, 52（4）：1449-1490.

⑤ 李争光，赵西卜，曹丰，卢晓璇. 机构投资者异质性与企业绩效——来自中国上市公司的经验证据. 审计与经济研究，2014（5）.

人控制"现象，导致机构投资者很少发挥公司治理作用，且大多数机构投资者倾向于获取投机利益①。胡盛昌（2015）从地缘优势和投资期限差异的视角，将机构投资者分为本地机构投资者和长期机构投资者，发现他们在其持股公司的税收活动中发挥重要的治理作用，促进更积极的税务激进行为和企业税收成本的节约，进而提升企业价值②。罗付岩（2015）使用 Gaspar 等指标，把机构投资者分为长期机构投资者和短期机构投资者。结果发现长期机构投资者持股比例与公司绩效正相关，其持股比例越高，越能减少投资的短视行为，参与公司治理，从而改善公司治理结构③。

刘颖斐、倪源媛（2015）研究在稳定性和独立性交叉视角下，研究了压力敏感型和压力不敏感型机构投资者对公司绩效的影响。该文章以 2009—2013 年制造业上市公司作为研究对象，发现相比于压力敏感型，压力不敏感型机构投资者在公司治理中更能有效发挥监督作用，其持股比例与公司绩效之间有明显的正向关系。从稳定性上看，投资稳定性越高，越能提升公司绩效④。谭劲松等（2016）以 2009—2014 年深市创业板上市企业的面板数据作为研究对象，发现机构投资者通过对公司进行调研，参与公司治理，对公司的信息披露进行监督，从而对公司治理产生积极影响，提高了公司绩效⑤。马超群等（2017）通过 2008—2016 年 QFII 持股的 A 股上市公司数据来研究合格境外机构投资者对上市公司绩效的影响。发现 QFII 持股比例和持股制度对被持股公司的绩效均有正向影响；在考虑滞后效应的影响后，分析得出对其仍有正向影响⑥。

---

① 夏宁，李民．机构投资者持股对企业绩效影响的实证研究．经济管理评论，2014（6）．

② 胡盛昌，干胜道，李万福．机构投资者会影响企业税务激进行为吗？——基于地缘优势和投资期限异质性角度．中央财经大学学报，2015（12）．

③ 罗付岩．机构投资者异质性、投资期限与公司盈余管理．管理评论，2015（3）．

④ 刘颖斐，倪源媛．异质机构投资者对企业绩效的影响——基于独立性和稳定性交叉视角下的检验．金融研究，2015（8）．

⑤ 谭劲松，林雨晨．机构投资者对信息披露的治理效应——基于机构调研行为的证据．南开管理评论，2016（5）．

⑥ 马超群，陈芮．QFII 持股对上市公司绩效的影响——基于中国 A 股市场的实证研究．金融与经济，2017（6）．

朱亮等（2017）基于异质性机构投资者与异质性投资对象的关系，研究在高管薪酬的影响路径下机构投资者对公司绩效的影响。研究表明：压力不敏感型机构投资者会提升高管薪酬水平和公司绩效①。

张涤新、李忠海（2017）从机构投资者自我保护的视角研究机构投资者对公司绩效的影响。他们将机构投资者分为基金机构和非基金机构，发现在2004—2007年，机构投资者整体持股对公司绩效有积极作用。由于2008—2012年非基金机构持股占比大幅度增加，基金机构持股对公司绩效的正向影响被抑制。因此，机构投资者中基金机构持股有助于提高公司绩效②。胡援成和卢凌（2019）采用2007—2017年沪深两市非金融类上市公司数据，将上市公司划分为两类公司：第一类是机构投资者位于前十大股东的公司，第二类是机构投资者未进入前十大股东的公司。他们以公司治理的视角进行分析，发现机构投资者可对第一类企业的管理决策进行实质性影响，减轻信息不对称和代理问题，降低企业融资约束，对公司绩效产生积极影响③。

（二）机构投资者持股对公司绩效没有影响的实证研究

Smith（1996）检验了CalPERS积极主义对目标公司运营绩效的影响。他以1987年至1993年间的51家目标公司为样本，对1987至1993年间公司绩效作出描述性统计，经验结果表明CalPERS与公司绩效不存在显著关系，说明机构投资者持股对公司绩效没有影响。④ Wahal（1996）以1987年至1993年间由9支主要养老基金介入治理的目标公司为样本，来检验养老基金能否提高公司绩效，并以公司收益作为衡量公司绩效的指标，通过计算出收益并做出描述性统计后，得出结论认为有一小部分公司在养老基金介入公司治理前后有显著的为正的收益，

---

① 朱亮，许庆高.机构投资者异质性、高管薪酬与公司业绩.财会通讯，2017（12）.

② 张涤新，李忠海.机构投资者对其持股公司绩效的影响研究——基于机构投资者自我保护的视角.管理科学学报，2017（5）.

③ 胡援成，卢凌.机构投资者、企业融资约束与超额现金持有.当代财经，2019（2）.

④ Smith, M. P. Shareholder activism by institutional investors: evidence from CalPERS. Journal of Finance, 1996, 51（8）: 227-252.

但是绝大部分公司在宣布养老基金介入公司治理后没有显著的收益。这些公司的平均收益为零，公司的绩效并没有提高。长期看来，公司绩效没有得到显著提高。① Gillan 和 Starks（2000）研究了机构投资者持股与公司业绩的关系，他以 1987 至 1994 年的 452 家公司为样本，使用市场股票价格作为衡量公司绩效的指标，以市场股票价格对机构投资者持股做回归，结果表明机构投资者持股与公司绩效无关。②

李蕾（2013）将机构投资者划分为境内和境外两类，并研究了境外机构投资者对公司价值的影响。她采用面板数据工具变量法和固定效应模型相结合的办法进行了实证分析，发现境外机构投资者并未对公司价值的提升有实质性影响③。刘颖斐、倪源媛（2015）从稳定性和独立性交叉的视角研究了不同类型机构投资者对公司绩效的影响。他们发现非独立型机构投资者的持股比例和持股稳定性都不会对公司绩效产生显著影响④。郑钰佳等（2016）从机构投资者稳定性和独立性交叉的视角，研究了压力敏感型机构投资者对国有企业短期和长期绩效的影响。他们利用普通最小二乘法和两阶段最小二乘法进行了实证研究，发现压力敏感型机构投资者对国有企业短期和长期财务绩效的影响均不显著⑤。

（三）机构投资者持股损害公司绩效的实证研究

Agrawal 和 Knoeber（1996）以 1987 年的福布斯杂志选出的 500 家美国最大的公司作为样本，使用托宾 $Q$ 作为衡量公司绩效的指标，使用普通最小二乘法将托宾 $Q$ 对外部人董事席位做回归，发现外部人董事席位的回归系数显著为负，公司

① Wahal, S. Pension fund activism and firm performance. Journal of Financial and Quantitative Analysis, 1996, 31（3）：1-23.

② Gillan, S. L., and Starks, L. T. Corporate governance proposals and shareholder activism：the role of institutional investors. Journal of Financial Economics, 2000, 57（2）：275-305.

③ 李蕾，韩立岩. 价值投资还是价值创造？——基于境内外机构投资者比较的经验研究. 经济学（季刊），2013（1）.

④ 刘颖斐，倪源媛. 异质机构投资者对企业绩效的影响——基于独立性和稳定性交叉视角下的检验. 金融研究，2015（8）.

⑤ 郑钰佳，吕沙. 机构投资者交叉异质性与财务绩效的关系——基于两阶段投资决策模型. 财会月刊，2016（5）.

绩效和外部人董事席位存在显著的负向关系。① Woidtke（2002）研究了公共养老金持股与公司绩效的关系。他以 1989 年至 1993 年间的财富 500 强的公司为样本，以行业调整的 $Q$ 值作为衡量公司绩效的指标，使用工具变量先估计出公共养老金持股份额然后再代入回归方程，使用两阶段最小二乘法估计出公共养老金持股比例的回归系数显著为负，公共养老基金持股与公司绩效负相关，表明机构投资者持股损害了公司绩效。②

张先治、贾兴飞（2014）研究了社保基金持股与公司绩效的关系。他们以 2007 年至 2011 年上市公司的面板数据作为研究样本，发现具有低持股比例和短持股周期特征的机构投资者持股降低了公司的绩效③。申璐（2015）采用 PSM 模型和二次差分法，研究了机构投资者对公司绩效的作用，发现机构投资者作为临时股东追求短期盈利，不会参与公司监督治理以提升公司长期价值，同时利用持有的控制权进行牟利活动，从而损害公司长期收益④。谭江（2017）采用动态面板数据模型对创业板上市公司进行了实证分析。发现机构投资者与公司绩效之间具有内生性，且存在动态跨期作用。当期和滞后期的机构投资者持股比例的变动，均与当期公司绩效呈现负相关关系⑤。张涤新、李忠海（2017）从机构投资者自我保护的视角研究机构投资者对公司绩效的影响，将机构投资者持股划分为基金机构持股和非基金机构持股，发现非基金机构持股对企业绩效未表现出正向影响⑥。

---

①　Agrawal, A., and Knoeber, C. R. Firm performance and mechanisms to control agency problems between managers and shareholders. Journal of Financial and Quantitative Analysis, 1996, 31（3）：377-397.

②　Woidtke, T. Agents watching agents?：evidence from pension fund ownership and firm value. Journal of Financial Economics, 2002, 63（1）：99-131.

③　张先治，贾兴飞. 社保基金持股对公司价值的影响研究——基于持股特征异质性的视角. 财经问题研究，2014（5）.

④　申璐. 机构投资者对上市公司绩效的影响——基于 A-H 股的自然实验. 金融论坛，2015（9）.

⑤　谭江. 动态内生性视角下创业板企业机构投资者持股变动与公司绩效研究. 宏观经济研究，2017（2）.

⑥　张涤新，李忠海. 机构投资者对其持股公司绩效的影响研究——基于机构投资者自我保护的视角. 管理科学学报，2017（5）.

## 第四节　机构投资者持股对公司绩效影响的差异性

### 一、不同类型机构投资者持股对公司绩效影响的差异

一些学者还对不同类型机构投资者持股对上市公司绩效的影响进行了研究，其研究成果表明不同类型机构投资者持股对上市公司的绩效有着不同的影响。

Smith（1996）研究了加利福尼亚州公务员退休系统，发现在加利福尼亚州公务员退休系统持股以后改善了公司长期绩效。Smith 的经验结果表明与加利福尼亚州公务员退休系统私下协商并达成协议的目标公司的股价上涨了 1.05%。[①] Opler 和 Sokobin（1995）发现公司被选作机构投资者委员会的目标公司以后，在股价和运营绩效方面得到了显著的改善。[②] Wahal（1996）以 1987 年至 1993 年间由 9 支主要养老基金参与治理的目标公司为样本来检验养老基金持股能否有效地提高公司绩效。经验分析的结果表明有一小部分公司在养老基金积极主义前后有显著的为正的反常收益，但是绝大部分公司在宣布养老基金介入公司治理后没有显著的反常收益。这些公司的平均反常收益为零，公司的绩效并没有得到提高，这和 Karpoff，Malatesta 和 Walkling（1996）得出的结论是一致的。平均看来，公司的市场调整的收益和行业调整的收益没有得到实质性的提高。长期看来，养老基金介入治理以后的公司在股价方面和以会计方法测算的绩效都没有得到显著提高，行业调整的公司运营收入和净收入在养老基金介入治理后也没有得到提高。[③]

Claessens（1997）以捷克共和国 1992 年至 1995 年间 706 家公司为样本，分析了私有化对公司治理及绩效的影响，结果表明由银行募集的投资基金持股会带

---

[①] Smith, M. P. Shareholder activism by institutional investors. evidence from CalPERS. Journal of Finance, 1996, 51 (4): 227-252.

[②] Opler, T. C., and Sokobin, J. Does coordinated institutional activism work? An analysis of the activities of the council of institutional investors. Ohio State University working paper, 1997.

[③] Wahal, S. Pension fund activism and firm performance. Journal of Financial and Quantitative Analysis, 1996, 31 (3): 1-23.

来更高的公司价值和利润并且对于改善公司的管理方式极为有益，投资基金持股数与公司的市场价值显著正相关，这一结果表明银行募集的投资基金的监督功能使得它在公司治理中发挥了积极而独特的作用，并促进了公司绩效的提高。Guercio 和 Hawkins（1999）检验了养老金积极主义的有效性，他们以 1987—1993年的养老金提案为样本，发现养老金持股没有给股东价值带来变化。[1] Faccio 和 Lasfer（2000）研究了英国职业养老基金的监督作用。Faccio 和 Lasfer 将养老基金持有其 3%以上的股票的所有非金融机构类上市公司为检验组，按照行业和规模构建了对照组，发现从长期来看养老基金主要投资于小型公司，职业养老基金没有给公司带来更高的价值，职业养老基金持股与公司价值没有联系，甚至存在负相关关系，而且职业养老基金也不能使公司绩效超过同行，因此英国职业养老基金不能有效监督公司。

Woidtke（2002）以 1989 年至 1993 年间财富 500 强的公司作为样本检验了公共和私人养老基金持股对公司的价值效应。结果表明公司绩效和私人养老金所持的股份正相关，与公共养老金所持的股份负相关，说明私人养老金持股对公司绩效有正向作用，公共养老金持股对公司绩效具有负向作用。[2] Cornett（2007）分别实证检验了压力敏感型和压力不敏感型机构投资者持股对公司绩效的影响，并发现只有与公司没有商业联系的压力不敏感型机构投资者持股比例与公司绩效成正比，表明只有压力不敏感型机构投资者持股能够提高公司绩效。他们认为，由于压力敏感型机构投资者与公司有着密切的业务关联，可以从与管理层保持一致中得到一些来自管理层的好处。他们更倾向于与管理层保持一致，因此不能有效监督公司治理从而提高公司绩效。[3] Chen 等（2007）按照机构投资者在独立性、持股比例与时长上的差异，将其分成了"长期独立型"和"灰色型"两种。长期独立型机构投资者与公司不存在业务关联，且持股比例高、时间长；而灰色型

① Guercio, D. D., and Hawkins, J. The motivation and impact of pension fund activism. Journal of Financial Economics, 1999, 52（1）: 293-340.

② Woidtke, T. Agents watching agents?: evidence from pension fund ownership and firm value. Journal of Financial Economics, 2002, 63（1）: 99-131.

③ Cornett, M. M., Marcus, A. J., and Saunders, A. The impact of institutional ownership on corporate operating performance. Journal of Banking and Finance, 2007, 31（2）: 1771-1794.

机构投资者跟公司有业务关联，且持股比例低、时间短。他们认为长期独立型机构投资者更愿意参与公司治理，并可以对公司形成一定监督作用，而灰色型机构投资者改善公司绩效和公司治理状况的意愿不强①。

刘颖斐、倪源媛（2015）按照压力敏感型和压力不敏感型对机构投资者进行分类，并对不同类型机构投资者对公司绩效的影响进行了实证研究。该文章以2009—2013年制造业上市公司作为研究对象，发现相比于压力敏感型机构投资者，压力不敏感型机构投资者在公司治理中更能有效发挥监督作用，其持股比例与公司绩效之间有明显的正向关系。压力不敏感型机构投资者持股比例越高，越能提升公司绩效，压力敏感型机构投资者持股比例与公司绩效之间并不显著相关②。徐琳（2019）基于时间与行业交叉的视角，按照换手率将机构投资者划分为稳定型和交易型。稳定型机构投资者具有更专业的投资能力和参与公司治理的积极性，依靠长期持股获取分红以及公司增值过程中的稳定收益。通过参与公司日常活动方案，监督公司的重要决策以及对管理层的行为进行监督等方式，促进公司绩效提升。而交易型机构投资者，更注重通过短期频繁交易所获取的收益回报，偏好短期盈利，并不关注公司长期价值，不会主动参与公司的重要决策和对管理层的监督。研究结果发现，在互联网公司中，机构投资者持股与在制造业存在显著不同；机构投资者持股数量、金额和期限等特征会显著影响互联网公司绩效；与稳定型相比，交易型机构投资者对互联网公司绩效的影响更显著③。

## 二、同一类型机构投资者持股对目标公司绩效影响的差异性

### （一）机构投资者积极主义的形式不同

Karpoff（1998）对20个实证性研究文献进行归纳分析后得出结论认为，非

---

① Chen, X., Harford, J., and Li, K. Monitoring: which institutions matter? Journal of Financial Economics, 2007, 86（2）: 279-305.

② 刘颖斐，倪源媛. 异质机构投资者对企业绩效的影响——基于独立性和稳定性交叉视角下的检验. 金融研究, 2015（8）.

③ 徐琳，林志军，刘衍. 机构投资者持股、异质性与互联网公司的企业绩效——基于与制造业的比较研究. 财会通讯, 2019（6）.

提案参与形式和提案参与形式对目标公司股票价格的影响不同，因而对公司绩效影响不同。① 机构投资者非提案参与时一般与目标公司经理层就公司治理问题进行私下磋商并达成共识，这对市场是个利好的消息，市场会做出积极反应，股价会上升，公司股价收益为正，公司绩效得以提高；而提案参与形式意味着投资者与目标公司经理层无法就公司治理问题达成共识，股东将在股东大会上提交议案，使股东个人意志形成集体决议，该参与形式说明投资者与目标公司经理层关系出现了问题，可能不利于日后公司治理状况和财务绩效的改善，对此，市场会做出消极反应，股价下跌，股价收益为负，因此，提案参与形式会损害公司绩效。Karpoff 讨论了股东提案的信息发布日前后股票回报的短期影响，但没有明显的证据显示股东提案的消息对短期股票价值具有正效应，而磋商协议的公告对股票价值影响为正值，说明其提高了公司绩效。这说明磋商协议与提交提案参与形式对股票价值带来的影响是不同的。Prevost（2000）考察了 1988 年至 1994 年间投资者责任研究中心 73 家主要公司。他发现，只有一次成为提案目标的公司与通过磋商成功撤回提案的公司一样，股票的长期累计超额收益（Cumulative Excess Return）曲线在零值附近波动，而数次被作为提案目标的公司，CER 曲线却逐年向下远离零值，表示其长期绩效恶化。② Gillan 和 Starks（2000）发现机构投资者提案对股价产生并不显著的负效应。这是因为机构投资者提交提案向市场传达了利空的信号，那就是公司经理层不愿意同投资者协商，从而影响了股市的反应，进而影响了公司股价收益。③

## （二）机构投资者积极主义关注的内容不同

Smith（1996）发现加利福尼亚州公务员退休系统提出的关于公司绩效的提案对股票收益产生显著为正的价值效应，而他们关于收购的提案产生显著为负的

---

① Karpoff, J. M. The impact of shareholder activism on target companies: a survey of empirical findings. University of Washington Working Paper, 1998.

② Prevost, An. K., and Rao, R. P. Of what value are shareholder proposals sponsored by public pension funds? The Journal of Business, 2000, 73（3）: 177-204.

③ Gillan, S. L., and Starks, L. T. Corporate governance proposals and shareholder activism: the role of institutional investors. Journal of Financial Economics, 2000, 57（2）: 275-305.

价值效应。Carleton, Nelson 和 Weisbach（1998）以 TIAA-CREF 与目标公司私下接触的日期前后股票异常收益检验了两个不同的股东提案消息产生的价值效应，一个是关于限制公司使用优先股来阻止收购，另一个是关于增加妇女和少数民族的代表成为董事会成员，结果前者产生了正的价值效应，后者产生了负的价值效应。① Guercio 和 Hawkins（1999）检验了 1990 年至 1993 年间首次对外公布的股东提案发布日前后两天的股价收益，股价收益上涨了 0.8%，股东提案消息产生了显著为正的价值效应。他们还检验了 1990 年以前关于反收购和董事会的提案，发现在股东提案邮寄日前后股价收益减少了 0.5%，股东提案消息产生了负的价值效应。②

（三）机构投资者积极主义的目标不同

Woidtke（2002）研究了公共和私人养老基金资产管理人目标函数不同对企业价值的不同影响。私人养老基金以绩效为基础的较公共养老金更多的薪酬使得养老基金的利益和公司其他股东的利益趋于一致，所以当机构投资者的目标函数和其他股东一致的时候就会产生正效应，而当与其他股东利益不同并导致利益冲突的时候就会产生负效应。③

## 第五节 机构投资者参与治理的目标公司的特征

学者们还就机构投资者参与治理的目标公司的特征进行了检验，这些主要集中在六个方面：股价方面的绩效、会计上的收益、杠杆系数、内部人持股比例、公司规模以及机构投资者持股比例。

目前关于目标公司在股价方面的绩效的检验结果不一致。Opler 和 Sokobin

---

① Carleton, W. T., Nelson, J. M., and Weisbach, M S. The influence of institutions on corporate governance through private negotiations: evidence from TIAA-CREF. Journal of Finance, 1998, 53 (4): 1335-1362.

② Guercio, D. D., and Hawkins, J. The motivation and impact of pension fund activism. Journal of Financial Economics, 1999, 52 (1): 293-340.

③ Woidtke, T. Agents watching agents?: evidence from pension fund ownership and firm value. Journal of Financial Economics, 2002, 63 (1): 99-131.

（1997）、Strickland，Wiles 和 Zenner（1996）以及 Wahal（1996）都发现公司在成为目标公司之前 4 年的市场调节的股票收益要显著低于现在水平，而 Smith（1996）和 Carleton，Nelsom 和 Weisbach（1998）却发现成为目标公司前后的公司股票收益没有变化。Opler 和 Sokobin 还发现成为目标公司之前 4 年的股票收益显著低于同行业公司的水平，但 Karpoff，Malatesta 和 Walking 发现在剔除了公司其他特征的影响之后，这种差别并不显著。总体看来，机构投资者倾向于选择那些市场调节的股票收益不佳的公司。

关于目标公司运营绩效的检验结果较为一致，表明吸引机构股东参与治理的公司收益较低。Karpoff，Malatesta 和 Walking 以及 Martin，Kensinger 和 Gillan（2000）都发现目标公司的销售收入低于同行业和规模的其他公司。Karpoff，Malatesta 和 Walking（1996）还发现目标公司的销售增长较慢。

关于目标公司杠杆系数、内部人持股比例检验结果不一致，Karpoff，Malatesta 和 Walking 发现目标公司的杠杆系数较高，而 Strickland，Wiles 和 Zenner 发现目标公司的杠杆系数与其他公司没有显著差异。Bizjak 和 Marquette（1998）和 Carleton，Nelsom 和 Weisbach 都发现目标公司内部人持股比例比其他公司低，而 Smith 和 Karpoff，Malatesta 和 Walking 发现这一差异并不显著。

关于公司规模和机构投资者持股比例的检验结果表现出较高的一致性。大多数的研究表明规模较大的公司容易成为目标公司，而且目标公司具有相当高的机构投资者的持股比例。Smith（1996）认为这是因为大股东的存在会增加公司被收购的可能性①，且大股东持股比例与和公司被收购的可能性成正比②，而机构投资者参与治理是外部控制权的一种替代机制，所以机构投资者持股比例与成为目标公司的可能性正相关。Smith 还对目标公司的规模较大这一特征进行了解释，他认为较大规模的公司能够包含更多的机构投资者的投资比例，当公司绩效由于机构参与治理得到了提高以后，机构股东会获得更多的收益。

值得注意的是，实证检验得出的目标公司有较高机构投资者持股比例这一特

---

① Smith，P. M. Shareholder activism by institutional investors evidence from CalPERS. Journal of Finance，1996，51（4）：227-252.

② Shleifer，A.，Vishny，R. W. Large shareholders and corporate control. Journal of Political Economy，1998，94（8）：461-488.

征，与理论上的影响机构投资者参与治理的因素相吻合，理论上认为机构投资者参与治理是他们持股比例的函数①，只有当持股量大到足以弥补他们的监督成本时，才会参与公司治理并发挥监督作用。

总体看来，规模大和机构投资者持股比例高的公司、市场调节的股票收益不佳以及运营绩效不佳的公司容易被选为机构投资者参与治理的目标公司。

## 第六节 简要的评论

关于机构投资者参与公司治理及其对目标公司绩效影响的研究，主要涉及机构股东参与公司治理的动力机制、机构股东相对个人投资者的能力优势以及机构股东参与公司治理的有效性。学术界对此问题研究的结论存在不小的分歧，可能源于这个问题本身的复杂性。首先，各国的公司制度以及资本市场的制度安排不尽相同，而且同一国家不同发展阶段上公司制度以及资本市场制度的安排也不尽相同。这些制度安排的差别必然对机构投资者是否参与上市公司治理及其是否能够促进目标公司绩效提高造成不同的影响。其次，机构投资者有多种不同类型，不同类型的机构投资者参与公司治理的动力机制、机构股东相对个人投资者的能力优势以及机构股东参与公司治理的有效性也是不同的。最后，目标公司的特征也是影响机构投资者参与治理及其绩效的重要因素。目标公司的特征不仅体现在机构投资者持股比例上，还体现在股价、运营绩效、杠杆系数、内部人持股比例、公司规模等方面，目标公司的股价、运营绩效、杠杆系数、内部人持股比例、公司规模，必然影响机构投资者的选择。这样，机构投资者持股与公司的绩效可能是双向的关系，即机构投资者持有公司股票，可能影响公司的绩效；另一方面，公司的绩效如何，可能也会影响机构投资者的选股决策。因此，要研究机构股东与公司绩效的关系，就必须剔除那些机构投资者持股以外因素对公司绩效的影响。

对于机构股东参与公司治理及其与公司绩效关系的实证检验，结论存在分

---

① Woidtke, T. Agents watching agents? Evidence from pension fund ownership and firm value. Journal of Financial Economics, 2002, 63 (9): 99-131.

歧，除了上面说的原因外，还可能来源于以下原因：（1）检验对象不同。现有研究在讨论机构投资者持股对目标公司绩效影响时采用的检验对象不同：有些检验的是私下协商对目标公司的绩效影响，有些则是检验股东提案对目标公司的绩效影响；有些检验与公司治理相关的若干提案，而有些则只检验了某一个提案，导致最后得出的结果也会不同。（2）采用的样本规模不同。有些关注所有的公共和私人养老金，有些关注所有的公共养老金和一个私人养老金，还有些就只关注某一个养老金，由于在样本选择上存在差异，也会导致最后结论的不同。（3）时间不同。纵观研究采用样本的时间，存在着差异，有些是研究 20 世纪 80 年代末至90 年代初的样本数据，另一些则只研究了 90 年代的样本数据，而时间不同，宏观经济环境和政策法规等外界宏观因素变化，会影响机构投资者参与公司治理的效果。（4）公司绩效还受其他许多因素的影响，而现在的实证检验方法不能很好地排除其他因素的干扰。因此，实证检验也有待深化。

近年来，国内对上市公司治理结构与机构投资者行为分别都有一些研究。对机构投资者参与上市公司治理及其对公司绩效的影响，也有一些研究，如郝云宏（2005）通过对成本收益比较模型的分析，说明了只有当机构投资者集中投资并积极参与公司治理的预期收益越大机构投资者才会更有动力选择集中投资，积极参与公司治理，改善经营管理。江向才（2004）选取了 246 家上市公司作为研究对象，发现机构投资者持股比例与董事持股比例显著正相关，与财务透明度及信息披露程度未呈现显著相关，但是与所有权透明度与投资者关系透明度显著正相关。娄伟（2002）对 1998—2000 年连续三年的证券投资基金在上市公司中的持股比例与上市公司绩效表现之间的关系进行了回归分析。研究表明，证券投资基金持股比例与上市公司绩效存在明显的正相关。吴晓辉等（2006）以 2000 年年末以前在沪深两市上市的全部公司为总体样本、以面板数据为主采用多种计量方法对机构投资者持股与公司绩效的关系进行了分析，发现机构投资者持股比例和当期及后一期的绩效、企业价值都显著正相关。但是，总体来看，国内对机构投资者参与上市公司治理的研究还不够系统和深入，方法还不够完善，分歧也较大。无论是为了完善我国公司治理，提高公司绩效，还是为了促进资本市场的完善和发展，都有必要系统深入地研究机构投资者在公司治理中的作用及其对公司绩效的影响。

# 第二章　机构投资者参与公司治理的
# 动机及其影响因素

经济主体的行为总是始于一定的目的，或者说出于一定的动机，而行为的动机则取决于经济主体的属性。为了分析机构投资者是否愿意参与上市公司治理以及在什么条件下参与上市公司治理，我们首先必须深入分析机构投资者的属性及其特征。同时，经济主体的行为始终受一定条件的制约，在不同的条件下，经济主体会采取不同的行为模式。因此，本章将在阐明机构投资者经济属性和参与公司治理动机的基础上，探讨影响机构投资者参与公司治理的主要因素以及在不同条件下机构投资者的不同行为模式。

## 第一节　机构投资者的特征分析

机构投资者是指投资于证券市场，进行证券买卖交易的法人机构。广义的机构投资者包括各类证券投资基金、证券公司、信托投资公司、社会保险基金、商业保险公司、企业年金、证券公司和商业银行等金融机构和非金融机构。但是，机构投资者的性质不同，可投资的范围也不同。在我国实行金融分业管理的条件下，商业银行不能投资于股票；商业保险、社会保险基金等机构投资于股票的比例有着严格的限制；至于非金融工商企业通常只是利用暂时闲置的资金用于证券投资，而且国有工商企业投资股票也是受到严格限制的。投资基金是一种实行组合投资、专业管理、利益共享、风险共担的集合投资方式，同时也是机构投资者的典型形式。因此，我们将以证券投资基金为主要对象来分析机构投资者参与公司治理的动机及其影响因素。

## 一、机构投资者的决策人属性

依据组织形式的不同，证券投资基金分为契约型基金与公司型基金；根据运作方式的不同，证券投资基金可以分为封闭式基金与开放型基金。无论是何种证券投资基金，都是一种法人经济组织，因而具有一般经济组织的共性。

传统经济学是以经济人为假定前提的，认为经济人是完全理性的，能够充分获取市场信息，不需付出交易费用，在经济活动过程中可以做出自身利益最大化的决策。经济人的完全理性假定抽象掉了现实生活中的许多复杂因素，忽视了客观世界的复杂性、人性的多面性和个人选择的社会性。事实上，经济人不可能是完全理性的，做不到全知全能。决策人假说对经济人假说进行了修正，认为组织成员都是为实现一定目的而合理地选择手段的决策者。其要点包括：组织成员的理性是有限的，组织成员对决策方案的选择只能寻求满意解，组织是一个诱因和贡献的平衡系统。

证券投资基金作为专门从事证券投资活动的经济组织，具有决策人的一般属性，它有明确的盈利目标，而为了实现这一目标，必须寻求满意的投资组合。具体来说，以证券投资基金为代表的机构投资者具有如下与一般经济组织决策人相同的行为特征：

（1）有限理性。尽管机构投资者拥有或雇用多个投资领域的众多专家进行投资管理，不但在知和能方面所受到的限制较少，而且在获取和利用信息方面也有更多优势，凭借着这些优势可能做出比个人投资者更加理性的决策。但是，机构投资者的决策仍然是有限理性的。这种有限性不仅因为股票市场具有高度的不确定性，而且因为受机构投资者诸多内部因素的制约。

（2）收益偏好。机构投资者对获取投资收益表现出很强的内在偏好，这是因为：一方面机构投资者面临着其他金融中介机构的竞争，只有获取一定的收益，才能维持机构本身的生存和发展；另一方面，机构投资者是众多委托人的代理人，必须满足资金所有人的收益要求，否则，资金所有人将改变其资金的代理人。这样，没有收益的机构投资者将失去客户——其赖以生存的基础。

（3）风险厌恶。机构投资者具有规避风险的偏好，若承受较大风险，必须得到较高的预期收益以资补偿。如果在具有相同回报率的两个行动方案之间进行选择，任何机构投资者将选择风险较小的，而舍弃风险较大的。因此，机构投资者是否参与公司治理，既会考虑收益，又会考虑风险，要使机构投资者的期望效用最大化，而不仅仅是使期望的收益率最大化。

（4）寻求满意组合。机构投资者在构建投资组合时，其目标是寻求获得尽可能多的收益的投资组合，但其决策面临着一系列约束条件，如自身理性的局限性、可获资金数量的有限性、各类资产市场的有效性与经济的波动性等。这就决定了机构投资者极难寻找到理论上的理想的投资组合，通常构建的只能是满意的投资组合。满意的投资组合包涵三方面的含义：①不存在一个唯一的最优投资组合，最优的投资组合可能是一组量值。②不同的机构投资者对风险和收益的权衡标准不完全相同，受到的约束条件也不一样，一个能让某个机构投资者非常满意的特定投资组合可能不受其他机构投资者欢迎。③如果改变约束条件，某个机构投资者的投资组合的具体构成也会随之改变。比如放宽约束条件，机构投资者就能寻找到给其带来更多收益的投资组合。

## 二、机构投资者作为代理人的特性

机构投资者作为金融中介，不同于一般的经济组织。在个人委托人—机构投资者—上市公司管理层的委托链上，并存着两层委托-代理关系。机构投资者在双重委托代理关系中，具有双重身份，既是受托人又是委托人。以证券投资基金为例，第一层次为基金份额持有人将资金委托给基金管理人进行投资管理；第二层次为基金管理人作为股东，和上市公司管理人产生又一层次的委托代理关系。这就决定了机构投资者具有许多不同于个人投资者的特性。

### （一）机构投资者作为代理人的法律特征

机构投资者或依公司法设立，利用股东或债权人的资金进行投资，或者利用信托原理通过发行受益凭证或通过契约而募集资金用于金融投资，机构投资者和个人投资者之间是委托投资关系，机构投资者是受托人。受托人这一法律用语专门指那些替别人或别人的财产，承担职务或责任的人。法律要求受托人具有极其强烈的责任心。受托人有信托的保管人、遗嘱执行人和律师等。受托人必须把委托人的利益置于自身之上，决不能利用委托关系，从中牟利，不能隐瞒与利用委托人的财产资讯。同时，这种委托代理关系是建立在契约基础上的市场选择行为，没有良好声誉的受托主体，其代理主体的角色便失去了持续性，直到被市场淘汰。因而，按照法律的要求，机构投资者必须遵循诚信、审慎、勤勉的原则：

1. 诚信原则

诚信原则是忠诚原则和守信原则的简称。忠诚原则要求受托人须诚实为其受益人服务，受托人要置受益人之利益于其自身利益或第三方利益之上，更要避免出现受托人的自利性交易。通常机构投资者只能依法收取手续费，而不能利用其受托人之地位和权利及委托人之资产自谋私利，尤其在涉及受益人利益的交易和决策中不能掺杂其个人利益的考虑。受托人利益既包括受托机构自身的利益，也包括受托机构中雇员的利益。忠诚问题也有可能发生在一个受托人的几个受益人群体之间。

机构投资者的忠诚问题贯穿信托关系的行为中的各个方面，从金融资产的购买与出卖，到投票权的代理等，这都要求机构投资者尽最大努力为其客户或受益人负责。而守信原则是指机构投资者对于预先约定的为客户服务的承诺都要无条件的一一遵从，对于由于不可抗拒力所造成的失信要作出明确诚实的解释，并赔偿由此对客户所造成的损失。

2. 审慎原则

所谓审慎原则，也称审慎人原则，就是指受托人管理客户财产像对待自己的财产那样尽心尽力，甚至要比管理自己的财产更趋于保守，更趋于慎重。根据美国《雇员退休收入保障法》的规定，审慎意味着在正常条件下，一个审慎之人应该像经营自己的财产一样，像其他受托人经营相同特征企业的统一标准那样，通过热心、尽力和慎重来为其客户或受益人服务。这种审慎又是没法准确测度的。

由于不存在真正可观的标准衡量受托人义务，人们只能通过观察受托人在作出合理的投资决策之时是否根据可得到的信息而行动来判断。而法院也是在审查同样的内容以判断受托人的行动，当然，随着金融工具的创新以及金融市场的日趋复杂，对之的评判标准也更趋复杂。

3. 勤勉原则

勤勉原则包括两个方面：一是在业务上要不断创新，以设计更多、更方便的交易品种来满足受益人的需要；二是在交易过程中不应当放过任何一个增加受益人财富的机会，哪怕付出的努力很多而增加的收益很少。

上述两个方面的内容都要求机构投资者有勤勉务实的精神，要求机构投资者比其他部门中的从业人员加倍地做出更多努力。当然，勤勉原则里面也隐含了勤俭节约的意思，它要求机构投资者不能过分享受在职消费和支取过多的薪酬，因为这样会间接损害基金公司股东和个人投资者的利益。

### （二）机构投资者作为代理人的经济特征

不论是合约型的机构还是公司型的机构，机构投资者作为代理人充当着个人投资者与上市公司之间的中介组织，相比个人投资者，在信息获取、风险管理和规模效应等方面具有明显的优势：

1. 信息获取优势

人们在经济决策中就需要获得及时、准确地信息，以减少经济活动的不确定性、降低风险。在现代经济社会中，广泛存在着信息的非对称性，投资于任何一种金融工具都存在一个收集有关企业和证券的信息问题，而收集加工信息是需要花费时间和费用的，而且需要具备专门的知识、技能和经验，这对于单个的投资者而言，几乎是不可能做到的。

机构投资者一般都有自己的收集、分析信息的专门机构，拥有一批富有经验的证券投资分析专家和专门的管理人员，能够在科学研究的基础上，对经济形势和市场状况做出较为准确的判断和预测。因此，机构投资者能提供交易所需要的所有信息和服务以及提供交易后续信息服务，使单个投资者免于信息收集、加工等决策的困难，从而能够对所投资公司实行有效的监督，解决信息不足或信息不对称造成的投资风险，履行股东职责。

2. 风险管理优势

机构投资者一般采用组合投资方式，选择多种金融工具进行投资，并进行合理的搭配，以便更有效地消除系统性风险。这种组合投资策略可以大大降低单个行业和单个企业的非系统性风险。对于综合性基金而言，可以将资产分散于股票、期货、债券、房地产；对于专项基金来说，基金管理人也可以将基金资产分散投资于这个领域的不同对象上；同时，基金管理人还可以根据不同地区和不同产业的资产安全性和投资回报，及时改变投资组合，从而避免将"所有鸡蛋放在一个篮子里"的风险。由于个人投资者的资产规模太小，一般难以通过合理的投资组合来规避风险。机构投资者通过规模的聚集，可以更广泛投资于各行业及不同企业，使非系统风险降低，投资绩效波幅平缓。同时，专家或机构操作更易于及时发现、调整和转换风险，并更快地运用新的规避风险的工具于投资活动中。

3. 规模经济优势

个人投资则因规模小而难以获得组合投资的规模效应。相比较而言，随着规模的扩大，边际成本递减，机构投资者更易于形成规模效应。首先，机构投资者由于拥有巨额的资金，可以进入一些小型投资者无法进入的领域，取得丰厚的回报。其次，由于规模的扩大，边际成本递减，机构投资者也能够取得较高的经济效益。最后，个人买卖股票，必须付给证券商佣金，买或卖都需付佣金。而机构投资者交易数额庞大，不仅可享受佣金折扣的优惠，而且可以将众多的个人交易简化为一笔或几笔交易，这就降低了投资与交易成本，增加了收益。

（三）双重委托可能产生的问题

当机构投资者在第一层委托代理关系中作为代理人或者受托人的角色的时候，由于基金也是一个利益主体，追求自身利益的最大化，在激励不相容时也会产生委托代理中常见的逆向选择和道德风险问题。如在对基金经理不能实现完全监督和契约不完的情况下，基金经理有可能产生有损于投资者利益的行为（如产生额外的交易佣金）。这是因为：

（1）随着机构投资股东资金规模的扩大，向其投资的社会投资人的数量将迅速增多，在每个社会投资人监督机构投资股东行为的成本完全内化而监督收益部分外化的情况下，社会投资人群体可能会出现奥尔森所说的集体行动的悖论，将没有社会投资人对机构投资股东的行为实施监督。

（2）社会投资人与机构投资股东之间实行的是收益分成制，其效率是有限的。经济学原理告诉我们，闲暇是工作的机会成本，劳动供给曲线会在某处向后弯曲。当机构投资的管理者收入达到某一临界点后，收入效应将超过替代效应，管理者的工作积极性将降低。

（3）社会投资人与机构投资股东之间信息不对称。影响投资收益的随机因素很多，加之机构投资管理者之间的竞争存在某种困境，管理者既可以将由利好消息所带来的收益说成是其个人努力的结果，也可以将个人失误造成的损失说成利空消息所带来的不可抗损失。这样，投资机构的经营性收入和市场性收入很难分清，社会投资人难以确立对机构投资股东收益的数量化要求，使得有效的委托代理契约成为事实上的不可能。

## 第二节　机构投资者参与公司治理的动机

依照决策人的假设，机构投资者是追求自身利益最大的有限理性人。如果不考虑双重委托代理关系可能产生的问题，即假设机构投资经理人与机构股东的利益具有一致性，机构投资者是否参与上市公司的治理，取决于其参与公司治理收益与成本的比较。

按照萨缪尔森的定义，成本是指企业能生产出一定量的产品所必须支付的最小费用或最低投入。收益则是指由于生产活动所带来的收入等。将成本和收益进行比较是经济学最基本的分析方法。在资源稀缺的条件下，经济活动追求的是利润最大化，这就要求收益最大、成本最低。收益大于成本的预期是人们行为的基本出发点，在收益大于成本的前提下，人们才愿意从事某项经济活动，直到边际收益等于边际成本。在公司治理中，作为有自我经济利益追求的行动主体，无论是原生型的个人股东，还是派生型的法人股东，股东作出是否参与公司治理的决策主要取决于治理成本与治理收益的比较。

所谓公司治理成本是指公司在治理过程中发生的各种相关成本的总和，具体来说主要包括控制经营者的成本、集体决策成本和分担风险的成本。现代企业中所有者与经营权分离，从而产生了代理成本，这一成本主要包括监督经营者的成本和经营者的机会主义行为所导致的成本，比如说自我交易、玩忽职守、过度留利等所形成的成本。当若干人分享公司所有权时，不同所有者会对公司的目标以及达到目标的途径和手段存在不同认识和看法，这样就会产生一种集体决策成本。以上这两个成本都是所有者行使剩余控制权的成本，但是如果某个要素提供者比其他的要素提供者更有利于分散风险，将公司所有权赋予他就会带来巨大收益，这个要素所有者就会获得更大的剩余索取权，但同时他也要承担由于行使这一剩余索取权所带来的成本即分担风险的成本。所谓公司治理的收益则是指由于进行公司治理所带来的公司利润的增加、股票价值的升值等直接收益以及公司声誉和影响力的提高等间接收益。通过对治理成本和治理收益的比较，股东才会做出是否参与公司治理的决定。

对于机构投资者而言，其参与公司治理同样要考虑治理成本和治理收益。所谓治理收益，是指机构投资者从参与某项公司治理活动中所获得的收益，主要包括治理的直接收益和间接收益。治理成本是指机构投资股东维持公司治理有效运作发生的成本，主要包括绝对成本和相对成本。绝对收益即通过该活动提升的公司绩效中机构投资者分享的部分，即机构投资者监督公司而使公司股票的市值增加，按照其管理费率与持股比例获得的公司市值增加的部分。其计算方法为：绝对监督收益=公司市值×机构持股比例×股价上升幅度×管理费率。绝对成本是指机构投资者在监督公司过程中承担的成本和支付的费用，主要包括基金经理所投入的时间的机会成本、专业顾问的费用、股东通函（circular）的费用以及收集公司信息的成本。绝对收益与绝对成本之差为绝对净收益。

必须指出的是，机构投资者除了参与治理，监督公司以外，还可以选择其他行动，比如"搭便车"，等待其他股东参与治理等。这同样可能分享一定的收益。因此，机构投资者是否参与公司治理，还会比较参与治理与"搭便车"两种行为方式哪一种更为合理。Rock（1991）指出，在选择监督还是其他行动时，机构投资者需要确保监督公司的收益超过其他行动带来的收益[1]。如果我们将参与公司治理的成本和收益称为绝对成本与收益，那么，我们可将参与治理的收益超过"搭便车"的收益称为相对监督收益。只要监督的绝对净收益大于超过其他行动的绝对净收益，则监督仍然是有利的选择。因此，机构投资者做出是否参与公司治理的决策时，不仅考虑监督绝对净收益还会考虑相对监督收益。

## 第三节　影响机构投资者参与公司治理的因素

影响机构投资者参与上市公司治理的因素包括机构投资者的内部因素、目标

---

[1]　Rock E. B. The logic and（uncertain）significance of institutional shareholder activism. Georgetown Law Journal, 1991, 79（4）：445-487.

公司股权结构与治理结构以及市场环境等三个方面。来自机构投资者内部影响其是否参与公司治理的动机的因素主要有投资规模、投资集中度、长期投资、利益冲突、代理问题和治理能力等，其中投资集中度与长期投资是影响其参与公司治理的主要内部因素。目标公司股权结构与治理结构直接影响机构投资者参与公司治理的成本与收益。市场环境主要包括市场的微观结构、法律与监管体系。

## 一、影响机构投资者参与公司治理的内部因素

### (一) 机构投资者投资规模和投资集中度

监督公司的收益-成本分析中，首先必须考虑的因素是机构投资者的投资规模和投资集中度。投资规模是指机构投资者管理的投资组合的价值，投资集中度一方面指机构投资者持有某一公司股权的比例，另一方面是指机构投资者持有某一公司股票占其投资组合的比例。本书认为，机构投资者的投资规模是一个总量概念，而投资集中度是一个结构的概念，从总量-结构的二维角度，我们可以较为全面地考察机构投资者投资额对其参与公司治理决策的影响。投资规模较大、投资集中度较高的机构投资者监督的积极性更大。

1. 投资规模

投资规模的大小能够影响监督的收益-成本关系，进而影响机构投资者监督的积极性。一般来说，投资规模较大的机构投资者监督的积极性更大。这主要是由以下几个方面的原因造成的。

(1) 机构投资者的投资规模越大，信息收集成本越低。投资规模大的机构投资者往往在研究资源、市场信息资源、人力资源、客户资源、公共关系资源等各方面都具有大量的资源，如大量的内部分析师，并且与证券公司的分析师拥有良好关系，从而掌握大量关于经济行业、公司和市场的信息。由于这些信息可以被共享以用于分析不同的公司，形成资源的规模效应，这些资源在各种业务中加以综合利用会降低机构投资者的研究、管理、执行等各方面的成本。

(2) 机构投资者的投资规模越大，其利用媒体对公司施加影响的能力越强。投资规模大的机构投资者的市场影响力很大，也是媒体的焦点，往往可以通过媒体对公司管理层施加压力，迫使管理层接受他们的建议，从而促使目标公司更好

地改善其公司治理，实现更多收益。这方面的典型例子是 1994 年 Postel 采取的公开治理行动。Postel 是英国邮政局的养老基金。当时，Postel 拥有 250 亿英镑的资产，是当时英国市场上最大的机构投资者。1994 年 7 月，Postel 展开一场反对公司董事会将董事合约延长期限超过 3 年的行动。Postel 采取的行动是向英国最大的 100 家公司的主席发出一封公开信，表达他们的观点。这一行动获得了大部分媒体的支持，也获得了公众和股东的广泛关注。

（3）机构投资者的投资规模越大，采取其他行动的成本也会越高。大型机构投资者的行动总是容易引起市场的关注，因此，他们在采取诸如出售股票或收购等行动时，往往会被其他投资者免费搭车，而使这些行动的成本升高，收益下降，从而使相对监督收益提高。在其他治理行动的相对成本较高的情况下，由于大型机构的存在，其他股东采取行动的积极性较低，而更愿意等待大型机构投资者率先采取行动，大型机构投资者不得不率先对公司实施监督。

2. 投资集中度

投资集中度也能够影响监督的收益-成本关系，进而影响机构投资者监督的积极性。一般来说，投资集中度较高的机构投资者监督的积极性更大。这主要是由以下几个方面的原因造成的。

（1）投资集中度越高，监督的绝对净收益越大。在其他条件相同时，持股比例提高，机构投资者通过监督所获得的绝对收益增加。一方面，投资集中度越高，规模效应和学习效应越明显，绝对净收益越高。这是因为，监督的绝对成本是固定的，随着持股比例的增加，每股的治理成本越低，同时，在持有多家公司股票的情况下，由于公司治理中有一些各个上市公司可以通用的最佳做法和基本准则，机构投资者在参与公司治理中积累的这些专业知识可以移植到其所投资的其他公司中去，不必再另外耗费监督成本。另一方面，由于该股票占投资组合的比例较高，监督的绝对净收益对投资组合增值的贡献相对较大，因此，机构投资者监督的积极性也会较高。

（2）投资集中度越高，监督的相对收益越大。当某一机构投资者持有公司的股权比例越高，其他投资者的持股比例就越低，即股票的流动性就越低。较低的流通性使该机构出售股票的成本上升，使得机构投资者较难在不导致股价大幅下跌的情况下出售大量股票。在出售股票的成本上升时，相对监督收益就相应增加，从而使机构投资者更愿意监督公司。

下面本书将用模型分析机构投资者抛售股票后，机构投资者承受的损失情况。

假设：机构投资者能够完成抛售行为，抛单量为 $Q$ 股，承受的损失为 $T$，股票抛售前股价为 $P_0$，抛售后股价为 $P_1$，$P_0 < P_1$，

所以 $$T = Q \times (P_0 - P_1)$$

令 $$\Delta P = P_0 - P_1$$

则： $$T = Q \times \Delta P$$

假设抛售的股票数量不会影响股价下跌的幅度，即无论抛售多少股票，股票下降的幅度都是恒定的话，$\Delta P$ 不变，则：

$$dT = \Delta P \times dQ \tag{1}$$

事实上，股票抛售导致的股价跌幅会随着抛售量的不同而发生变化，抛售的股票数越多，股价的下跌幅度越大，因此 $\Delta P$ 是 $Q$ 的函数，

$$T = Q \times \Delta P(Q)$$

于是 $$dT = \Delta P \times dQ + Q \times \Delta P'(Q) \times dQ \tag{2}$$

由 (2) 式-(1) 式，得到 $Q \times \Delta P'(Q) \times dQ$。由于股价下跌的幅度与抛售量正相关，$\Delta P$ 是 $Q$ 在其定义域内的增函数，故而 $\Delta P'(Q)$ 大于零，$Q \times \Delta P'(Q) \times dQ$ 也大于零[1]。说明随着抛售的股票数目的增加，机构投资者可能遭受的损失会随着增加。在机构投资者的规模不断发展和持股量迅速增大的趋势下，采用"用脚投票"并不是机构投资者的理性选择。

(3) 投资集中度越高，被其他投资者免费搭车的收益越低。当某一机构投资者持有较大比例的股权时，监督的绝对收益中的更大部分由该投资者享有，其他投资者免费搭车的收益会相应减少，从而降低其他投资者免费搭车的成本，进一步促进该机构投资者监督公司。

(4) 投资集中度越高，监督成功的可能性越高。机构投资者持股比例越高，由于所有权会带来对公司的控制权，机构投资者对公司管理层和其他投资者的影响力就越大。

---

[1] 陈炎炎. 机构投资者与上市公司治理研究. 长沙：湖南大学硕士学位论文，2006：9.

（三）投资策略

一般而言，长期投资能够提高机构投资者参与公司治理的积极性，主要出于以下几个原因：

1. 长期投资使监督收益相对上升，监督成本相对下降

机构投资者监督公司并不能在短期内产生效果，这不仅是由于监督行动本身需要花费时间（如从公司会议提出提案到股东大会决议），而且监督行动即使成功实施，还需要一定时间才能产生效应（如新的公司管理层需要时间来调整公司的经营策略）。从收益的角度看，投资期限越长，监督的积极效应就能更完整地体现出来，机构投资者就能更充分地享有监督的收益。反之，投资期限越短，从监督中获得的收益可能会相对较小。从成本看，投资期限越长，一次监督行动的成本可以分摊在较长的期限内，单位时间的监督成本就较低。反之，投资期限越短，单位监督成本就越高。由此，长期投资策略使机构投资者的监督积极性更高。

2. 长期投资有助于建立机构投资者与公司之间的良好关系

能否实施有效的监督很大程度上取决于机构投资者与公司管理层之间是否有良好的沟通，是否对公司管理的重要事项达成共识，是否有合作的意愿。而良好的沟通建立在双方长期互动的基础上。因此，只有较长时间的交流才能使得双方建立起良好的沟通，提高监督的有效性，才能使得机构投资者有兴趣去监督公司。

3. 长期投资有助于机构投资者对公司的了解，从而降低监督的信息成本

机构投资者监督公司需要收集大量的有关信息。长期投资使得机构投资者在信息的积累上具有优势，从而使得信息收集和处理的边际成本降低，有助于提高监督的积极性。如果对不断变化的投资对象进行监督，会因缺乏信息上的规模效应而使所付出的成本更高，从而没有参与治理的动机。

（四）利益冲突

利益冲突是指由于机构投资者与目标公司之间存在其他业务关系（或潜在业务关系），使机构投资者为避免这些业务受到损失（或潜在的损失）而放弃对公

司的监督。一般来说，利益冲突少的机构投资者参与治理的积极性越大。机构投资者参与公司治理的程度取决于他们与公司的关系。如保险公司同时向公司提供保险业务、银行同时向公司提供银行服务、基金管理机构的母公司（往往是投资银行）向公司提供融资和财务顾问服务等。由于除投资关系外，机构投资者与公司之间还存在现在的或潜在的商业关系，因此机构投资者支持管理层的决定，不会去冒险①。

机构投资者由于监督而失去的其他商业利益被称为"私人成本"（private cost）②。当机构投资者或其母公司（投资银行）与公司存在商业利益时，机构投资者会衡量监督的收益与私人成本。当监督收益超过私人成本时，机构投资者就会放弃其他商业利益而选择监督。当机构投资者持有较高比例的公司股权时，所付出的私人成本很可能会被监督收益所弥补。反之，当监督收益小于私人成本时，机构投资者不会参与到公司治理中，避免破坏与公司之间的商业关系。即使认为公司管理层的行动会损害股东利益，仍然会投票支持公司管理层或放弃投票。

（五）代理问题

代理问题（agency problem）是指委托人（principal）与代理人（agency）之间由于利益和目标的不一致而产生的冲突。就机构投资者而言，基金的最终受益人（beneficiary）是委托人，基金经理是代理人。受益人与基金经理的利益和目标不同。受益人可以拥有基金全部资产，而基金经理则只是收取管理费。受益人的目标是使基金长期价值最大化，而基金经理的目标一方面是赚取管理费，另一方面是使其管理的投资组合超过竞争对手（其他同类型的基金经理）的投资组合的业绩，这是因为基金经理的业绩评价是基于相对的标准，即参照竞争对手的相对业绩。所以，受益人追求的是绝对的收益，而基金经理追求的是相对的业绩。受益人与基金经理利益与目标的差异导致代理问题的产生。

---

① Brickley, J., Lease, R., Smith, C. Ownership structure and voting on antitakeover amendments. Journal of Financial Economics, 1988, 20（9）: 267-292.

② Rock E. B. The logic and（uncertain）significance of institutional shareholder activism. Georgetown Law Journal, 1991, 79（9）: 445-487.

一般而言，代理问题较为严重的机构投资者的监督积极性较低，代理问题较轻微的机构投资者的监督积极性较高。代理问题主要是通过影响机构投资者的收益-成本关系对监督积极性产生影响。受益人可以享有监督收益的绝大部分，而一般无须承担监督成本；而基金经理只享有管理费收入的增加部分，但需要承担全部监督成本。所以，由于两者之间存在利益的不一致，受益人比基金经理对监督更有积极性，代理问题轻微的机构投资者比代理问题严重的机构投资者更有监督积极性。

（六）治理能力

治理能力指机构投资者参与公司治理，对公司监督，改善公司治理，最终提高公司绩效的能力。公司绩效的提高主要体现在公司价值的提高上，即股价的上升。机构投资者的公司治理能力越强，其实现参与治理的预期目标的可能性也就越大，因而股价也会表现出更大幅度的上升，其获得的绝对净收益也会上升，因此，治理能力越强的机构投资者参与治理的积极性越高。

## 二、目标公司股权结构与治理结构

（一）目标公司的股权结构

由于监督公司是要付出成本的。只有在监督成功时，监督的治理收益才有可能超过监督的成本，机构投资者才会参与到公司治理中。公司股权结构会影响到机构投资者在公司治理中的影响力，进而影响其参与治理的结果，最终影响其参与公司治理的动机。

借鉴产业组织理论关于市场结构的分析方法，可以将公司股权结构划分为三种不同类型：完全垄断型股权结构、完全竞争型股权结构与寡头垄断型股权结构①。完全竞争型股权结构中有众多小股东，且任何一个股东都难以对公司控制产生实质性的影响。在这种类型的公司中，公司的实际控制权常常为公司经理

---

① 冯根福，闫冰．公司股权的"市场结构"类型与股东的治理行为．中国工业经济，2004（6）．

人员所控制。完全垄断型股权结构中只有一个大股东在公司治理中具有绝对的主动控制权，从而排除了其他股东对公司的控制权。在寡头垄断型股权结构下，存在若干持股份额较大的股东，且持有的股份比较接近，任何一个持股份额较大的股东都无法单独获得公司的实际控制权，他们之间只有相互协调才能有效解决公司控制问题。

完全垄断型股权结构不利于机构投资者参与公司治理。这是因为，完全垄断型股权结构下，只有一个大股东在公司治理中具有绝对的主动控制权，从而排除了其他股东对公司的控制权，机构投资者参与治理无法对大股东进行股权制衡，因此，一般来说，其参与治理行为较难取得成功，并获得超过监督成本的治理收益。

完全竞争型股权结构有利于机构投资者参与公司治理。在完全竞争型股权结构下，众多股东皆为中小股东，机构投资者相对较大的持股股份对公司管理层构成较大的影响力，管理层越来越看重机构投资者的价值取向，越来越以资本市场的指标来确定公司的投资行为。例如在英美许多公司，尤其是大公司，已经形成了公司管理层与机构投资者的沟通机制。机构投资者对公司管理层的影响力使得他们能够成功监督公司经理，获取治理收益。

寡头垄断型股权结构下，任何一个股东都无法单独获得公司的实际控制权，它们之间只有相互协调才能有效解决公司控制问题。因此，机构投资者参与治理能与其他股东形成股权制衡，其参与治理行为较易取得成功。

综上所述，在寡头垄断型股权结构和完全竞争型股权结构下，机构投资者参与治理较容易取得成功，因而具有参与治理的动机。在完全垄断型股权结构下，与寡头垄断型股权结构和完全竞争型股权结构相比，机构投资者的参与治理较不容易取得成功，因而其参与治理的积极性相对较弱。

（二）目标公司的治理结构

目标公司治理结构会影响机构投资者参与公司治理的成本，进而影响监督的收益-成本关系，最终影响机构投资者监督的积极性。一般来说，目标公司治理结构越好，机构投资者参与治理的积极性越高。具备良好公司治理结构的目标公司，会降低机构投资者积极行动的成本。治理结构良好的公司具有规范的董事会、监事会、经理层等制衡监督机制和公司董事、监事以及经理产生机制，以及对公司重大问题的决策机制。一旦公司出现治理问题，就会有一套完善的治理途径，因而也会降低机构投资者参与治理的成本。

## 三、环境因素

### （一）资本市场微观结构

这里的证券市场的微观结构主要指证券市场的交易制度（涉及交易成本、监管成本等）、信息系统和登记结算方式等方面。它们通过影响证券市场的流动性、交易成本、市场效率和股价波幅等影响证券资产的定价，保证证券市场的正常运行。

交易制度特别是大宗交易制度的形成会对机构投资者参与公司治理的动机产生影响。如果在该制度下交易成本越高，则机构投资者抛售股票的成本越高，机构投资者相对监督收益大于零，使得机构股东最终选择参与公司治理这一途径来实现利益最大化目标，机构投资者参与公司治理的积极性较高。反之，如果交易制度下的交易成本越低，机构投资者参与公司治理的积极性相对较弱一些。

信息系统也会影响机构投资者参与治理的决策。信息系统越发达，越能提供更多便利，由于信息的传播途径多和传播速度加快，公司的信息透明度越来越大，公司状况几乎处于机构投资者的适时监控之下。在这种便利条件下，监督信息成本会降低，机构投资者参与治理获得的绝对净收益更多，更愿意参与公司治理。

### （二）法律和监管体系

法律和监管体系健全程度，会影响到机构投资者参与公司治理的成本与收益，进而影响到其参与公司治理的积极性。法律和监管体系越健全，机构投资者越有参与公司治理的动力。信息披露、违规活动造成机构投资者损失的赔偿制度、违规活动的监管力度以及对于机构投资者参与治理本身的法律法规都会对机构投资者参与治理产生重要影响。机构投资者不参与公司的日常经营管理，它们很大程度上要根据公司公开披露的信息对公司经营管理进行分析，因此准确和及时的信息披露以及倘若受到欺骗或误导拥有索赔的权利，有利于机构投资者在参与公司治理过程中作出正确的决策，从而获得治理收益。严厉的上市公司的违规活动的监管力度，也提升了目标公司的管理层或大股东违规成本，使机构投资者在参与治理时具有更强的法律保障，有利于其获得治理收益，进而影响到其参与公司治理的积极性。机构投资者参与治理本身的法律法规也会影响到机构投资者参与公司治理的成本，进而影响其参与公司治理的积极性。比如，美国证券交易委员会于1992年放松了对委托代理制度中有关股东联系的法律限制，允许股票持有者之间直接联系。这意味着机构投资者不再需要利用成本相对较高的提案来与其他股东联系，大大降低了机构投资者参与公司治理的成本，机构投资者的绝对净收益大于零。

## 第四节　机构投资者参与公司治理的理性决策模型

从上面的分析中可以看出，机构投资者是否参与公司治理以及如何参与公司治理受多种因素的影响，在不同的条件下，机构投资者会采取不同的行为模式。下面我们以投资集中度为例，进一步研究机构投资者参与公司治理的决策模型。本书提出以下假设：

假设1：机构投资者都是有限理性的决策人，根据审慎性原则，它们都是风险厌恶者。

假设2：机构投资者的金融资源是有限的。

假设3：机构投资者参与治理是一项投资，不考虑诸如社会责任、企业信誉等因素，主要以股东利益至上为原则。

由于机构投资者是追求自身利益最大的有限理性人，它在收益和风险之间进行权衡，以自身总效用最大化为目标来确定其投资集中度。在机构投资者的投资总额一定的情况下，机构投资者持股集中度增大时，公司数目随之减少，机构投资者承担的风险增加，由于其具有厌恶风险的特征，机构投资者的效用减少，同时，机构投资者参与到公司治理并获得治理收益，收益增加。当机构投资者的持股集中度减小时，机构投资者的风险变小，带来效用增加，同时收益减少，导致

用为 $U_0$。由于机构投资者的总效用等于其在收益和风险方面的效用之和，因此在这一区间内，机构投资者的总效用等于 $2U_0$，此区间的机构投资者总效用曲线为一条直线。

第二，由式（7）可以知道，只有当 $R'(C_g) \geq 1/P$ 时，机构投资者才愿意参与公司治理，在区间 $R \geq R_0$。随着机构投资者持有的公司数的减少，风险也随之增加，其效用 $U(1/n)$ 必然减少。投资集中度的增加使得机构投资者会参与公司治理并获得治理收益，其投资收益增加，效用 $U[R(C)]$ 随之增加。由于收益带来的效用增加大于风险增加带来的效用减少，总效应还是会增加，这时处于总效用曲线的 $A$ 点与 $B$ 点之间（不包括 $A$ 和 $B$ 点）。但是，随着投资集中度的上升，收益带来的效用的增量越来越小①，同时，公司数目的减少导致风险的增加带来效用的减少 $\Delta U(1/n)$ 越来越大，所以总效用的增量 $\Delta U$ 越来越小。当收益带来的效用的增量等于风险带来的效用减少量时，总效用的增加 $\Delta U$ 为零，总效用不再增加。这时达到了临界值（如图 2-1 中 B 所示），总效用达到了最大值②。

此后，随着投资集中度的上升以及公司数的减少，公司数目的减少带来的效用的减少 $\Delta U(1/n)$ 会超过投资集中度上升带来的效用的增量 $\Delta U[R(C_g)]$，总效用的增加 $\Delta U$ 小于零，意味着总效用开始下降。

理性的机构投资者会选择使得其参与公司治理的收益的边际效用增加等于风险增加所带来的边际效用减少的临界值作为其投资集中度。而这时的机构投资者投资集中度较大，监督绝对净收益大于零（$B$ 点位于其监督临界值之后），因此，机构投资者会选择参与公司治理。

# 第五节 机构投资者参与公司治理的博弈模型

机构投资者在进行是否参与公司治理决策的时候，相对监督收益是影响其决

---

① 这是因为，根据本书的假设，随着有效监督成本的增加，公司净利润也会增加，但是其增速会逐步减小，机构投资者的治理收益的增速也会逐步减小。

② 根据式（6）我们也可以得到实现总效用最大化的条件，根据导数的定义，这一条件其实等价于净收益带来的正效用的增量等于风险带来的负效用增量。

策的重要标准。如果机构投资者的相对监督收益大于零，机构投资者会参与公司治理。反之，则不会参与到公司治理。因此，现实中，机构投资者是否参与公司治理实际上是它们与上市公司经理、中小股东之间的博弈过程。如果上市公司有多个机构投资者，还会形成机构投资者与机构投资者之间的博弈。

## 一、机构投资者与经理博弈模型

机构投资者决定是否参与公司治理的时候会根据经理的行为采取行动。如果机构投资者先验地认为经理会以投资者利益最大化为目标行事的时候，机构投资者可以享受到公司价值提高后的收益而不需要付出监督成本，不监督比监督的收益要高，即相对监督收益小于零，机构投资者不会参与到公司治理。经理的行为也会取决于机构投资者的行为，如果经理先验地认为其并非以公司价值最大化为目标行事，消极怠工的行为不会被机构投资者发现的话，经理作为"理性人"，其自身效用最大化的选择就是消极怠工。因此，机构投资者是否参与治理形成了与经理的博弈。李向前（2002）通过投资者与经理的博弈模型探讨了机构投资者参与公司治理的决策，笔者借用其模型采用相对监督收益的标准考察投资策略对机构投资者参与公司治理决策的影响。①

机构投资者与经理之间的博弈结果主要取决于机构投资者的投资策略，即采取长期投资还是短期投资策略。一般而言，持有长期投资策略的机构投资者具有参与公司治理的动机，而采取短期投资策略的机构投资者不具有参与公司治理的动机。

假设博弈模型中包括两个参与人，即公司经理和机构投资者，且各方同时行动，或一方在行动之前并不知道另一方采取哪种行动，但是每一方都知道对方的特征、战略空间及支付函数。当经理被开除或者机构投资者卖出所持股票时，博弈结束。

我们进一步做出假设：（1）公司的市场价值可以处于三个不同的水平，为 $V_1$、$V_2$、$V_3$，且 $0 < V_1 < V_2 < V_3$，公司市场价值依赖于公司经理的努力程度和机构投资者的监督情况。（2）机构投资者有能力监督公司经理，监督成本为 $C$，它

① 李向前.机构投资者、公司治理与资本市场稳定研究.南开经济研究，2002（2）.

是指机构投资者为了获得对公司运营过程的有效监控而要求的最低成本。（3）机构投资者持有公司股权比例为 $\lambda$，$0 < \lambda < 1$。（4）公司经理的效用函数为 $U$（$W$, $e$）$= w - e$。其中 $e$ 代表其努力程度，$w$ 代表其支付，经理的支付为固定的工资。经理效用函数 $U$ 可以处于三种不同水平，为 $U_1$、$U_2$、$U_3$，且 $U_1 < U_2 < U_3$。为了方便起见，假定经理是风险中性的。

机构投资者有两种选择：监督或不监督。如果对公司监督，当经理不以公司价值最大化为目标的时候，就开除经理。机构投资者要付出监督成本，包括监督时间和专业管理才能，此时机构投资者支付为 $\lambda V$（为 $V_1$，$V_2$ 或 $V_3$）减去监督成本。如果机构投资者选择不监督，当其对公司的收益不满意的时候，就通过二级市场卖出所持股票，不需要付出监督成本，机构投资者支付为 $\lambda V$。公司经理有两种选择：以公司价值最大化为目标，付出较大努力，或者追求个人效用最大化，付出较小努力。由于经理的收入是固定的，与公司价值无关，而公司价值依赖于公司经理的努力程度，因此经理的收入与其努力程度无关。经理的效用与其努力程度成反比。公司经理使自身效用最大化的选择就是最小化努力程度。

如果公司经理选择个人效用最大化，付出较小努力，而机构投资者选择监督，将会发现公司经理的消极行为，并解雇经理。这将导致经理的效用最小，其支付为 $U_1$。同时，解雇经理也会给公司造成不良影响，如人事更迭对公司造成的震动，影响公司的外部环境如与债权人、客户的关系等，使公司价值为 $V_1$，机构投资者的支付为 $\lambda V_1 - C$。

如果公司经理选择个人效用最大化，而机构投资者选择不监督，这时经理付出最小努力并可以拿到工资，效用是最大的，其支付为 $U_3$。由于无人监督，经理的消极行为未被发现，不会发生人事变动，但是由于机构投资者努力程度较小，公司价值为 $V_2$，此时，公司价值高于经理被解雇时的价值 $V_1$，但是低于经理追求公司价值最大化时的价值 $V_3$。

如果公司经理选择追求公司价值最大化，而机构投资者选择监督，公司价值将会达到最高水平 $V_3$，机构投资者的支付为 $\lambda V_3 - C$，但是由于经理的努力程度与其效用成反比，此时经理的效用会因为努力程度的提高而降低，为 $U_2$，低于其追求自身效用最大化，而机构投资者不监督时的效用 $U_3$，高于经理被解雇时的效用 $U_1$。

如果公司经理选择追求公司价值最大化，而机构投资者选择不监督，公司价值将会达到最高水平 $V_3$ ，机构投资者的支付为 $\lambda V_3$ ，经理的效用为 $U_2$ 。

（一）机构投资者采取短期投资策略

当机构投资者采取短期投资策略的时候，博弈只有一期，机构投资者的占优策略是不监督。这是因为，当公司经理的策略是追求自身利益时，机构投资者不监督得到的收益 $\lambda V_2$ 大于监督获得的收益 $\lambda V_1 - C$ ；经理的策略是追求公司价值最大化时，机构投资者采取不监督的策略，可以避免监督支出，此时机构投资者收益大于其采取监督策略时获得的收益。无论公司经理的策略是公司价值最大化还是个人效用最大化，机构投资者采取不监督策略时收益都比采取监督策略时收益多，即监督的相对收益小于零，机构投资者不会参与到公司治理，博弈的纳什均衡是（不监督，追求自身利益）。

该博弈的支付矩阵如表 2-1 所示：

表 2-1　　　　　　　　　　**机构投资者与公司经理的静态博弈**

| 机构投资者 | 公 司 经 理 | | |
| --- | --- | --- | --- |
| | 策略 | 追求个人效用 | 追求公司价值 |
| | 监督 | $\lambda V_1 - C$, $U_1$ | $\lambda V_3 - C$, $U_2$ |
| | 不监督 | $\lambda V_2$, $U_3$ | $\lambda V_3$, $U_2$ |

从以上分析我们可以看出，采取短期投资策略的机构投资者不利于机构投资者参与公司治理。

（二）机构投资者采取长期投资策略

当机构投资者采取长期投资策略时，机构投资者可以被设想为具有无限期生命，博弈可以被视为无限期重复博弈，博弈的参与者是机构投资者和接连继任的经理们。

假设双方的贴现因子为 $\varphi$ ， $0 \leqslant \varphi \leqslant 1$ ，且每一参与者在重复博弈中得到的收益等于各自在所有阶段博弈中得到的收益的现值。假设机构投资者进行的监督有助于公司价值的增加，且监督获得的收益大于其监督支出，即 $\lambda V_3 - C > \lambda V_2$，否则投资者没有动机去进行监督，重复博弈将与一期博弈相同。

在无限重复博弈中，机构投资者是否选择监督，依赖于他对监督得到的收益与不监督得到的收益的现值之和的比较。如果机构投资者选择的策略是不监督，则其在每期收益都为 $\lambda V_2$，其在整个博弈中的总收益为：

$$\lambda V_2 + \varphi \times \lambda V_2 + \varphi^2 \times \lambda V_2 + \varphi^3 \times \lambda V_2 + \cdots = \lambda V_2 \times \frac{1}{1-\varphi} \tag{8}$$

如果机构投资者选择监督，经理在信息不完全时有两种选择：追求个人效用最大化和公司价值最大化。如果经理选择追求个人价值最大化，机构投资者将得到最低的收益 $\lambda V_1 - C$，如果管理者选择公司价值最大化，机构投资者得到较高的收益 $\lambda V_3 - C$。经理会通过观察投资者过去的行为来修正自己的策略，如果机构投资者选择监督，经理将选择公司价值最大化。一般来说，假设经理在第一期因不知投资者的策略而选择个人效用最大化策略，该经理将被解雇，投资者将选择新的经理。在第二期及以后，继任经理观察到机构投资者选择的是监督策略，相应地将选择公司价值最大化策略；对于机构投资者，如果在管理者选择追求公司价值最大化策略时选择了不监督，将会使经理相应地改变策略，转为追求个人效用最大化，机构投资者又会受到较大的损失，此时机构投资者收益为 $\lambda V_2$。由于进行重复博弈的机构投资者都是持股比例较大的投资者，其监督公司的收益足以合理化其监督成本，因此机构投资者选择监督的收益 $\lambda V_3 - C$ 大于其选择不监督的收益 $\lambda V_2$。机构投资者为追求长期收益最大化，必须坚持监督策略，以使每期收益为 $\lambda V_3 - C$。机构投资者为追求长期收益最大化，必须坚持监督策略，以使每期收益为 $\lambda V_3 - C$。因此，机构投资者会选择监督，在第一期时公司经理信息不完全，会因为选择个人效用最大化而被解雇，机构投资者在第一期收益为 $\lambda V_1 - C$。在以后每期中，经理观察到机构投资者选择的是监督策略，相应地将选择公司价值最大化策略，机构投资者的收益都为 $\lambda V_3 - C$。整个博弈的总收益为：

$$(\lambda V_1 - C) + \varphi(\lambda V_3 - C) + \varphi^2(\lambda V_3 - C) + \varphi^3(\lambda V_3 - C) + \cdots$$

$$= (\lambda V_1 - C) + (\lambda V_3 - C)\frac{1}{1-\varphi} \tag{9}$$

如前文所述，当机构投资者选择不监督时，公司经理相应地会选择个人效用最大化，每期的机构投资者收益都为 $\lambda V_2$，所以整个博弈的总收益为：

$$\lambda V_2 + \varphi \times \lambda V_2 + \varphi^2 \times \lambda V_2 + \varphi^3 \times \lambda V_2 + \cdots = \lambda V_2 \times \frac{1}{1 - \varphi} \qquad (10)$$

在整个博弈中，当机构投资者选择监督的总收益大于选择不监督的总收益的时候，机构投资者选择监督为最优，即当下式成立时，机构投资者选择监督为最优：

$$\lambda V_2 \times \frac{1}{1 - \varphi} \leqslant (\lambda V_1 - C) + (\lambda V_3 - C) \frac{1}{1 - \varphi} \qquad (11)$$

由于机构投资者持股比例较大，监督获得的收益足以合理化其监督成本，因此机构投资者选择监督的收益 $\lambda V_3 - C$ 大于其选择不监督的收益 $\lambda V_2$，即：

$$\lambda V_3 - C > \lambda V_2 \qquad (12)$$

我们将式（12）代入式（11），可以得到：

$$\varphi \geqslant \frac{\lambda V_2 - \lambda V_1 + C}{\lambda V_3 - \lambda V_1} = \varphi^* \qquad (13)$$

$\varphi$ 是投资者的贴现因子，表示机构投资者的耐心，$\varphi$ 越大，则机构投资者越有耐心，$\varphi$ 越小，则投资者越没有耐心。我们用 $\varphi^*$ 表示机构投资者选择监督的临界值。监督的临界值 $\varphi^*$ 即投资者耐心的大小，对于机构投资者是否选择对公司监督具有决定因素。

从式（13）可以看出，投资者拥有公司的股权比例 $\lambda$、监督成本 $C$ 和公司在不同状态下的价值 $V$ 影响着投资者的监督临界值 $\varphi^*$：股权比例 $\lambda$ 越大，监督成本 $C$ 越小，机构投资者通过监督提高公司的价值越大，机构投资者将越有耐心保持与公司的长期利益关系，参与到公司治理的积极性越高，主要通过对公司的监督获得长期利益。可见，在一定条件下，采取长期投资策略的机构投资者具有参与公司治理的动机。

## 二、机构投资者与中小股东之间的博弈模型

机构投资者参与治理的决策同样存在着与其他股东的博弈。股东参与公司治理行为具有公共产品的特征，参与公司治理的股东无法独占其参与公司治理行为

的全部收益，但却要承担全部的成本。一旦某个利益相关者提供了这个公共产品，就不可避免地会被其他投资者搭便车。因此，众多利益相关者都不愿意提供公共产品，而希望搭便车。机构投资者也会存在着"搭便车"的心理。如果机构投资者先验地认为其他股东会监督公司行为，它可以分享到其他投资者的治理收益而不需要付出监督成本，比他监督公司的净收益要高，即监督的绝对净收益小于不监督的绝对净收益，相对监督收益小于零，机构投资者不会参与到公司治理中。因此，机构投资者是否参与治理形成了与其他股东的博弈。

机构投资者参与公司治理的决策过程中，其与其他股东的博弈结果主要取决于目标公司股权状况。目标公司股权结构具有少数机构投资者持有高比例的特征有利于机构投资者具备参与公司治理的动机。本书将分析目标公司存在一个机构投资者，其持股比例较大，剩余的股份由众多中小股东分散持有的时候，机构投资者参与公司治理决策的情况。

假定机构投资者和中小股东同时监督上市公司或机构投资者监督而中小股东不监督均使股价由 $P_1$ 上升为 $P_3$；机构投资者不监督而中小股东监督可使股价由 $P_1$ 略微升至 $P_2$；二者都不监督时，原股价 $P_1$ 不变，且 $P_1 < P_2 < P_3$ [①]。二者监督所支付的成本都为 $C$，中小流通股东持有股份数量为 $Q_s$，机构投资者持有股份数量为 $Q_i$，$Q_i > Q_s$。

该博弈的支付矩阵如表 2-2 所示：

表 2-2　　　　　　　　　　**机构投资者与中小股东的博弈**

| 机构投资者 | | 中　小　股　东 | |
| --- | --- | --- | --- |
| | 策略 | 监督 | 不监督 |
| | 监督 | $P_3Q_i-C$, $P_3Q_s-C$ | $P_3Q_i-C$, $P_3Q_s$ |
| | 不监督 | $P_2Q_i-C$, $P_2Q_s-C$ | $P_1Q_i$, $P_1Q_s$ |

---

①　这是因为，比起中小股东，机构投资者在知识、专业技能、时间、精力上有巨大的优势，能够更有效地监督公司，提高公司价值。所以机构投资者与中小股东参与治理对公司价值的影响是不同的，且机构投资者对公司价值的影响大于中小股东。

由于机构投资者持股数 $Q_i$ 大于中小股东持股数 $Q_s$，以及机构投资者较高的持股比例带来的规模效应与学习效应，则有 $P_3Q_i-C>P_3Q_s-C, P_3Q_s-C>P_2Q_i$，$P_2Q_s-C<P_1Q_s$，意味着机构投资者参与公司治理的收益足以合理化其监督成本，其参与公司治理的动机较强，而中小股东参与公司治理的收益不足以弥补其监督成本，其参与公司治理的动机较弱，且支付矩阵左项大于右项，上述博弈为智猪博弈，机构投资者是大猪，中小流通股东是小猪。

我们可以看出，在上述智猪博弈中，无论机构投资者选择监督还是不监督，中小流通股东的最优选择均是"不监督"，"不监督"是中小投资者的占优战略。

在中小股东选择不监督的情况下，由于机构投资者的投资集中较高，其参与公司治理的绝对净收益为 $P_3Q_i-C$，其不参与公司治理的绝对净收益为 $P_1Q_s$，由于机构投资者持股较高带来的规模效用，机构投资者监督的绝对净收益大于不监督的绝对净收益，即监督相对收益大于零，因此，机构投资者会参与公司治理。纳什均衡就是（机构投资者监督，中小股东不监督），机构投资者担当起搜集信息、参与公司治理的责任，中小股东搭机构投资者的便车。

由此，具有一个机构投资者和众多中小股东的股权结构有利于机构投资者参与公司治理。

### 三、机构投资者之间的博弈模型

我们将分析目标公司中存在两个持股比例相当的机构投资者时，机构投资者参与治理决策的情况。

假定两个机构投资者都持有同一家目标公司、相同数量的股份 $Q$；并且两个机构投资者的监督能力相同，目标公司的原股价为 $P$，由于两个机构投资者共同监督时并不比只有一个机构投资者介入治理会有明显更好的效果，力量的制衡会使效果削弱而并非叠加，故只有一个机构投资者参与治理和两个共同参与治理对公司股价的影响可看作相同，即股价均上升至 $P^*$；两个机构投资者的监督成本均为 $C$。

该博弈的支付矩阵如表 2-3 所示：

表 2-3　　　　　　　　　　　　　机构投资者之间的博弈

| 机构投资者 1 | 机构投资者 2 | | |
|---|---|---|---|
| | 策略 | 监督 | 不监督 |
| | 监督 | $P^*Q-C$, $P^*Q-C$ | $P^*Q-C$, $P^*Q$ |
| | 不监督 | $PQ$, $P^*Q-C$ | $PQ$, $PQ$ |

　　由于机构投资者在另一方监督而自己选择不监督的收益大于其监督的收益，即 $P^*Q-C > P^*Q$，相对监督收益为零，因此不会参与公司治理。机构投资者在做出是否参与公司治理的决策时都要考虑其他机构投资者的决策。因此，该模型没有均衡解。

　　通过以上分析，我们可以得知，目标公司存在若干持有大致相当、持有较高股份的机构投资者不利于机构投资者参与公司治理。

# 第三章　机构投资者参与治理的
## 行为特征及效应分析

机构投资者参与治理的效应，指机构投资者参与上市公司治理所产生的影响及其作用。这主要表现在投资者利益保护、上市公司治理结构、上市公司经营决策与公司绩效等方面。在一定的条件下，机构投资者参与公司治理，有助于上市公司投资者利益保护，有助于改善上市公司的治理结构和经营决策，有助于提高上市公司的绩效。但是，不同的机构投资者参与公司治理的效应不同；同时，在不同的条件下，机构投资者参与公司治理的效应也不相同。

## 第一节　机构投资者参与公司治理行为的异质性

以前的很多研究文献假定所有机构投资者是同质的，其参与公司治理的行为是相似的。直到 Brickley 等（1988）才开始注意到机构投资者并非同质的群体，而是异质的，它们在参与公司治理的行为上有区别。他们发现投票行为是机构投资者类型的函数。不同类型的机构投资者的所有人或受益人、经济和投资动机以及政治背景都有很大区别，不同类型的机构投资者受不同的税收、法律和管理制度等因素的约束。只有一些类型的机构投资者有监督激励。Brickley，Lease 和 Smith（1988）还通过二分法将机构投资者区分开来，他们的依据是机构投资者与所投资的企业是否有业务关系。有些机构投资者与目标公司之间存在业务关系或潜在业务关系，为了维护它们与目标公司的这种业务关系，避免这些业务受到损失（或潜在的损失）而放弃对公司经理层的监督，这类机构投资者被称为压力敏感型的（pressure-sensitive），而那些与目标公司没有业务关系的机构投资者能够抵抗住来自目标公司的压力，从而更适合监督公司经理行为，规范其不当行为，并对经理施加影响。这类机构投资者被称为压力不敏感型的（pressure-insensitive）[1]。

Payne 等（1996）、Almazan 等（2005）和 Chen 等（2005）运用以上分类标准，分别对机构投资者对投票结果、经理薪酬和公司收购的影响进行了实证检验，发现了支持以上观点的证据。Payne 等（1996）以 1988 年至 1990 年期间 114 家美国公司的 145 件反收购提案为样本，通过两项相关性分析研究了银行与目标公司的业务关系与投票结果的关系，一是向公司提供服务的银行的持股比例与投票结果的相关性；二是与公司互派董事的银行的持股比例与投票结果的相关性。检验结果表明，与目标公司存在业务关系的与不存在业务关系的银行的投票行为存在差异。无论是向公司提供服务的银行还是与公司互派董事的银行，它们的持股比例都与公司管理层提案支持率正相关，而与公司管理层提案的反对率负相关。Almazan 等（2005）发现目标公司中压力不敏感型机构投资者的持股比例越高，公司规范和监管经理层报酬的效果越好[2]；Chen 等（2005）也发现目标公司中压力不敏感型机构投资者的持股比例与公司收购的质量正相关。[3]

银行、保险公司和投资银行属于压力敏感型机构投资者，因为他们常常依赖企业获得业务，私人养老基金也属此类。而公共养老基金、共同基金和基金会等机构则属于压力不敏感型。而在压力不敏感型机构投资者中，由于共同基金受到短期业绩比较的压力而较少参与公司治理，同时美国证券交易委员会（SEC）规则没有明确规范基金投资顾问在代理投票和股东积极主义方面的责任，但是如前文所述，在 1992 年，SEC 采用了新的规则。根据新的规则，共同基金或者其他机构投资者现在可以不限数量地与其他股东讨论投票问题，只要基金不向其他股东征集代理权，就不用向 SEC 进行任何备案或者报告。这些规则大大地降低了

---

① Brickley, J., Lease, R., Smith, C. Ownership structure and voting on antitakeover amendments. Journal of Financial Economics, 1988, 20 (1): 267-292.

② Almazan, A., Hartzell, J., Starks, L. T. Active institutional shareholders and cost of monitoring: evidence from managerial compensation. Working Paper, University of Texas at Austin, 2005.

③ Chen, Z., Moshirian, F. China's financial services industry: the intra-industry effects of privatization of the Bank of China Hong Kong. Journal of Banking and Finance, 2005, 29 (4): 2291-2324.

共同基金参与公司治理的成本，使得机构投资者参与公司治理的积极性大大增加。公共养老基金由于资金来源相对稳定，具有规模庞大和长期型特点，并且与企业不存在任何业务上的依赖，因此不会受到任何公司的压力，同时又是既定收益型计划（defined benefit plan，简称 DBP），如果一个计划资金不足，州或地方政府负责从税收中获取必要的资金去弥补不足。因此公共养老基金有最充足的动力参与公司治理。

私人养老基金一般依靠企业获得业务，因此具有压力敏感型特点，压抑其参与公司治理的积极性，但其投资期限具有长期性。另外，由于大多数私人养老基金是 DBP 型，内部经理人管理的私人养老基金具有参与公司治理的动力，因为业绩的提升将减少公司缴纳金额。在 20 世纪 80 年代中期，美国劳动部就发布公告要求非公共养老基金对有可能影响养老基金计划投资价值的事务，根据其所拥有的相应的股权所赋予的投票权积极参与投票。1994 年，劳动部把它们这项建议正式变为一种要求，并强调这一规定不仅适用于美国股权，同样适用于所持有的外国股权，这使得私人养老基金也有监督的动力。

# 第二节　机构投资者参与治理与投资者利益保护

## 一、理论分析

在完全竞争型股权结构下，由于公司股东持股比例都较小，没有监督公司的动力与能力，导致公司内部监督机制弱化，企业更多的剩余控制权掌握在管理者手中，从而引发公司股东与经理之间的代理问题，股东的利益很容易受到经理的侵害。在完全垄断型股权结构下，代理问题主要存在于大股东与中小股东之间，表现为大股东对中小股东的利益侵占。我们可以看出，无论是完全竞争型股权结构还是在完全垄断型股权结构下，投资者利益都容易受到侵害。机构投资者作为一种内部治理机制，可看作公司代理问题的潜在控制者①，其参与治理的行为有

---

① Demsetz, H., and Lehn K. The structure of corporate ownership: causes and conse-quence. Journal of Political Economy, 1985, 93 (6): 1155-1177.

助于缓解股东与经理以及大股东与中小股东之间的代理问题，从而保护投资者利益，主要出于以下几个原因：

第一，机构投资者是代理人，接受中小投资者的委托代为投资。作为众多中小股东的资产委托人，机构投资者集中了许多中小投资者的股份，可以看作许多中小投资者的集合代表者，代表的是中小股东的利益。此外，机构投资者具有监督中介的特征，较个人投资者来说，能够有效地监督公司经理层和大股东的职能。因此它们愿意也能够监督经理和控股股东的行为，缓解经理与股东以及控股股东和中小股东的代理问题，保护投资者利益。

第二，机构投资者参与治理的目标是股东价值最大化并坚持股东至上的原则。因此，机构投资者与其委托人之间不存在代理问题，机构投资者参与治理会监督公司经理和控股股东行为，缓解经理对股东、大股东对中小股东的利益侵占问题，从而保护投资者利益。

第三，一般来说，机构投资者的资本较为雄厚，在其实行集中投资策略的情况下，机构投资者可以克服完全竞争型股权结构下股东集体行动的困境，有效对经理进行监督，从而缓解经理-股东代理问题，保护投资者利益。在完全竞争型股权结构下，任何中小股东无力单独承担参与公司治理的巨额成本，并且由于股权分散，股东数目巨大且不同质，组织众多的股东参与公司治理已经不可能。机构投资者参与治理减少了股东的数量，减少了集体行动的困境。一方面，机构投资者由于资本雄厚，能够承担参与公司治理的成本，使得参与公司治理这种集体行动的收益能够超过组织集体行动所花费的全部成本。参与公司治理对机构投资者有着极大的价值，无论其他人行动与否，它们都有可能参与集体行动。另一方面，股东数目的减少，使得机构投资者形成一致行动的可能性增加。因此，机构投资者参与治理能够克服完全竞争型股权结构下的股东的集体行动困境问题，有效对公司经理进行监督，缓解股东与经理之间的代理问题，保护投资者利益。

第四，机构投资者的资本一般较为雄厚，在其实行集中投资策略的情况下，能够形成对控股股东的股权制衡，通过它们的所有权来直接影响公司内部的活动，监督控股股东行为，保护中小股东利益。此外，从大股东与中小股东之间的代理问题的形成原因来看，由于中小股东不能承担监督成本，通常选择放弃自己的治理权力，为了避免监督上的真空，一般由大股东去履行监控经理层的职能，从而形成了中小股东对大股东的事实上委托。机构投资者集中了广大中小股东的股份，其实力和地位决定了其在这方面比个人投资者具有理所当然的先天优势，从而能够有效监控经理层职能，缓解大股东与小股东之间的代理问题。因此，机构投资者参与治理能够缓解完全垄断型股权结构下的大股东对中小股东的利益侵害问题，保护投资者利益。

## 二、模型分析

### （一）基本模型

由于奥尔森对组织进行系统研究的逻辑起点是组织的目的，因此本书借鉴奥尔森的方法，从股东的目标函数开始对股东治理行为进行考察。在分析之前，有必要做出如下假设：

假设一：股东都是"契约人"。股东都追求自身利益最大化，并且有机会主义倾向。

假设二：股东都是风险厌恶者或风险中性者。

假设三：市场信息是不完全和不对称的。

假设四：各个持股比例较大的股东之间是一种非合作博弈。即它们从自身利益出发考虑行动，且不存在串谋问题。

假设五：不存在税收问题。

假设六：企业规模收益是递减的或不变的。

在我们建立的分析模型中，股东都能够分享公司的总收益，其份额取决于其持股数在公司所占的份额（$F_i$）。这里假定公司的总收益在其他影响因素作用不变的情况下，主要取决于以下两个因素：股东的监督力程度（$T$）与公司的规模（$S_g$），其中公司规模的大小取决于公司总资产的多少。本书运用产业组织理论对市场结构的划分来界定公司股权结构的类型，并在界定的公司股权结构的类型基础上分析股东在公司治理中的行为与作用，所以我们采用柯布-道格拉斯生产函数作为公司的价值 $V_g$，其计算公式为 $V_g = AS_g^\alpha T^\beta$，其中 $A$ 为常数。由于股东是按照其所持股份数占公司的份额来获得公司价值的，因此股东收益为 $F_i V_g$，即

$F_i A S_g^{\alpha} T^{\beta}$（其中 $\alpha + \beta \leqslant 1$），将它记为 $V_i$。股东参与公司治理并监督公司是需要付出成本的，我们将监督成本设为 $C$。虽然股东可能有不同的监督成本函数形式，但在其他条件不变的情况下，股东为使公司价值增加，就必须付出相应的努力。这说明成本 $C$ 是股东监控努力程度 $T$ 的一个函数，即 $C = f(T)$，而且随着 $T$ 的增加，总成本也不断增加，即 $\partial C / \partial T$ 大于零。由于股东厌恶风险，他们必须付出监督成本以避免损失。本书以股票收益方差（$\sigma$）以及风险偏好系数（$\rho$）作为衡量股东规避风险参数；同时我们采用 Stoughtom 和 Zechner（1998）的做法，使用 $\frac{1}{2} \rho \sigma^2 F_i^2 S_g^2$ 来表示股东为规避风险所付出的成本代价①。由此得到股东个人的公司治理行为的目标函数基本形式为：

$$U = F_i A S_g^{\alpha} T^{\beta} - C(T) - \frac{1}{2} \rho \sigma^2 F_i^2 S_g^2 \tag{1}$$

**（二）完全竞争股权结构下的投资者利益保护**

对式（1）两边同时对 $T$ 求导得：

$$\mathrm{d}U/\mathrm{d}T = \mathrm{d}V_i/\mathrm{d}T - \mathrm{d}C/\mathrm{d}T$$

当股东收益最大化时，$\mathrm{d}U_i/\mathrm{d}T = 0$，即

$$\mathrm{d}U/\mathrm{d}T = \mathrm{d}V_i/\mathrm{d}T - \mathrm{d}C/\mathrm{d}T$$

又因为 $V_i = F_i V_g$，代入上式得：

$$\mathrm{d}F_i V_g/\mathrm{d}T - \mathrm{d}C/\mathrm{d}T = 0$$

对于股东而言，其所持股份份额 $F_i$ 和公司的规模 $S_g$ 都是既定的，并不受模型影响，即 $F_i$ 和 $S_g$ 都是常数。于是得到：

$$F_i(\mathrm{d}V_g/\mathrm{d}T) = \mathrm{d}C/\mathrm{d}T \tag{2}$$

从式（2）可以看出，当方程左边的公司收益率乘以股东所占股份份额，即股东获得的收益率大于右边的监督付出的总成本的增加率时，股东才有可能提供监督产品。由此可见，股东提供监督产品的条件是，公司从股东提供的监督中获

---

① Stughton N. , and Zechner, J. IPO-mechanisms, monitoring and ownership structure. Journal of Financial Economics, 1998, 49（1）: 45-77.

得的收益以股东所提供的监督总成本的增加比率的 $1/F_i$ 倍增加。我们可以看出，$F_i$ 越小，则 $1/F_i$ 越大，股东提供监督产品的条件越难达到①。所以股东持股份额占公司总股数的份额越小，其愿意提供监督产品的可能性越小。

在完全竞争型股权结构下，所有股东的持股比例都较小，一般不愿意提供监督产品，而机构投资者一般的持股比例较大，愿意提供监督产品对经理进行监督，公司价值会因为机构投资者的监督增加 $AS_g^\alpha T^\beta$，投资者的价值随之增加。因此，机构投资者参与治理有利于保护投资者利益。

（三）完全垄断型股权结构下的投资者利益保护

在完全垄断型股权结构下，为了缓解控股股东对中小股东的利益侵占问题，保护投资者利益，我们可以引入机构投资者参与公司治理，以形成对控股股东的股权制衡与监督。下面以一个机构投资者与控股股东为例，分析股权制衡情况下的投资者利益保护问题。如果存在控股股东以及一个与其相制衡的机构投资者，这两个相互制衡的股东存在，会导致对公司控制权的竞争。以下在基本模型的基础上，通过博弈收益矩阵（如表 3-1 所示）讨论可能存在的均衡监督以及投资者利益保护情况。

表 3-1　　　　　　　　　　　次大股东的博弈收益矩阵

股东二

| 股东一 | | 监　督 | 不　监　督 |
|---|---|---|---|
| 监督 | | $F_1 AS_g^\alpha (T_1+T_2)^\beta - C(T_1) - \frac{1}{2}\rho\sigma^2 F_1^2 S_g^2$ | $F_1(AS_g^\alpha T_1^\beta - w) + w - C(T_1) - \frac{1}{2}\rho\sigma^2 F_1^2 S_g^2$ |
| | | $F_2 AS_g^\alpha (T_1+T_2)^\beta - C(T_2) - \frac{1}{2}\rho\sigma^2 F_2^2 S_g^2$ | $F_2(AS_g^\alpha T_1^\beta - w) - \frac{1}{2}\rho\sigma^2 F_2^2 S_g^2$ |
| 不监督 | | $F_1(AS_g^\alpha T_2^\beta - w) - \frac{1}{2}\rho\sigma^2 F_1^2 S_g^2$ | $-\frac{1}{2}\rho\sigma^2 F_1^2 S_g^2 - \frac{1}{2}\rho\sigma^2 F_2^2 S_g^2$ |
| | | $F_2(AS_g^\alpha T_2^\beta - w) + w - C(T_2) - \frac{1}{2}\rho\sigma^2 F_2^2 S_g^2$ | |

资料来源：冯根福，闫冰．公司股权的"市场结构"类型与股东治理行为．中国工业经济，2004（6）.

① 冯根福，闫冰．公司股权的"市场结构"类型与股东治理行为．中国工业经济，2004（6）.

首先我们可以排除双方都不监督的情况。这是因为，一方面如果没有具有影响力的股东监督，公司经理就会掌握实际控制权，利用手中权力侵吞公司财富。另一方面次大股东只要采取的行动满足 $F_i (dV_g/dT) = dC/dT$，就可以从监督公司中获得收益，因为 $dC/dT$ 大于零，这个收益大于零。由于次大股东的持股比例一般比较大，$F_i$ 比较大，则 $1/F_i$ 较小，因此它们比较容易从监督公司中获利。所以股东一和股东二不会同时选择放弃监督经理。

在第二步的博弈中，股东一（或者股东二）就会比较当自己放弃监督，让另一个股东监督和自己也参与监督的收益情况。股东一（或者股东二）放弃监督而让另一个股东监督时，实际形成了股东一（或者股东二）对另一个股东的委托代理关系。股东一（或者股东二）放弃监督使得另一个股东获得了实际控制权，从而会导致获得控制权股东对其他股东进行利益侵占，公司绩效为 $(V_g - w)$。所以这时股东一获得的收益为 $F_i (AS_g^\alpha T_i^\beta) - \dfrac{1}{2}\rho\sigma^2 F_i^2 S_g^2$。当股东一（或股东二）也选择监督的时候，其获得的收益是 $F_i AS_g^\alpha (T_i + T_j)^\beta - C(T_i) - \dfrac{1}{2}\rho\sigma^2 F_i^2 S_g^2$。当前者收益大于后者时，股东一（或股东二）就会选择放弃监督公司经理，其损失的 $-F_i w$ 实际上是一种委托代理费用，作为委托股东二（或股东一）对公司经理监督给予的补偿。反之，如果后者收益大于前者收益时，股东一（或股东二）认为放弃监督权，委托股东二（或股东一）行使对公司控制权对自己的利益的侵害，已经超过了能够承受的范围，这时股东一（或股东二）也会选择监督，防止委托股东二（或股东一）对其的利益侵害，于是双方的监督达到均衡状态。

由上述分析可以看出，股东一（或股东二）是否监督公司经理取决于其持有的份额 $F_i$ 以及获得公司控制权的股东对其他股东侵占的利益 $w$。如果双方持有的股份 $F_i$ 相当，每个股东都会预期如果监督经理，对方有可能没有选择监督，自己代理对方进行监督，从而获得 $-F_i w$ 作为监督补偿的额外收益，所以双方都会选择监督。当双方都选择监督时，上市公司价值会从完全垄断结构下由一个大股东提供监督产生的 $AS_g^\alpha T^\beta$ 增加到 $AS_g^\alpha (T_1 + T_2)^\beta$，投资者价值随之增加。

因此，我们可以得出以下结论：适当增加相互制衡的次大股东，有利于保护投资者的利益①。

## 第三节 机构投资者参与治理对公司治理结构的影响

公司治理结构包括：（1）如何配置和行使控制权；（2）如何监督和评价董事会、经理人员和职工；（3）如何设计和实施激励机制，则机构投资者对公司治理结构的影响也主要体现在这几个方面。因此，本书将就这三个方面来论述机构投资者参与治理对目标公司治理结构的影响。

### 一、对公司控制权的影响

机构投资者参与公司治理以后，主要可以从两方面影响目标公司控制权：第一，如果机构投资者对公司状况不满而自身在董事会无所作为时，往往会积极推动企业的收购和兼并；而当公司管理层实施的大多数反接管措施会降低公司的股价时，机构投资者会强烈反对绿色邮件、毒丸计划等可能影响股东利益的反收购措施。因此，机构投资者积极参与公司控制权市场的运作是约束管理者和降低代理成本的有效形式，也是稳定市场，保证市场效率的重要支撑。由于存在着完善、活跃的公司控制权市场，管理者面临着可能被撤换的压力，从而有力地促进了担心失去公司控制权的公司董事会和管理层改善现有经营状况，这使得管理层只有努力工作，尽可能减少在职消费，通过良好记录向股东证明他们确实是在尽职尽责，从而极大改善了公司治理结构。Smith（1996）研究了最大的机构投资者 CalPERS 对公司发出股东提议的情况。从 CalPERS 的情况看，目标公司的经营业绩通常都会增长。而在并购成功的案例中，通过撤换不合格的经营者和公司资产、业务的重组，公司股票价格上涨的可能性更大。第二，机构投资者可以通过争夺委托投票权，进而控制股东大会对某些重要事项的表决，如董事会成员的选举或现任经理股东提出议案的表决，赢得对

---

① 冯根福，闫冰．公司股权的"市场结构"类型与股东治理行为．中国工业经济，2004（6）．

公司的控制权。①

## 二、对董事会独立性的影响

董事会是公司内部控制系统的核心。在外部人控制董事会的企业里，相对董事会由内部人控制的企业而言，当企业绩效不佳时，CEO 离职的可能性较大；在遭遇接管的情况下，股东溢价更高。机构投资者的参与治理有利于恢复股东主权，保持了董事会的相对独立性。

机构投资者通过征集代理投票权，将使中小股东的权益得到一定程度的保障，董事会的选举若采用累计投票制，那么可以使控股股东难以把持董事会，董事会组成上更能代表大多数股东的利益。同时，通过聘请独立董事，更有助于董事会独立性的提高。1972 年，美国最大的 1000 家公司中只有不到 1/10 的公司有独立的提名委员会，70% 的公司有独立的候补委员会。到 1992 年，近 2/3 的公司建立了独立的提名委员会，90% 有了独立的候补委员会，而且所有公司都成立了一个审计委员会。

## 三、对公司内部协调关系的影响

机构投资者的高度集中而又相对长期持股行为是一种对董事会、经理人员和职工有效的监督评价措施，通过这种理性客观的评价监督措施，可以调整经理人员、董事会和职工的关系。股票市场上的个人投资者大多急功近利，希望短期内获益，否则就会抛售股票发泄他们的不满，从而加剧了股票市场的波动性。上市公司管理层因而减少了价值最大化的长期投资，转向投资于能短期回收的项目。相对而言，机构投资者以其特有的双重委托代理身份成为个人股东和公司管理层的缓冲区，使得管理层不必为迎合一些投资者的短期利益而采取不利于公司长远目标实现的投资举措。机构投资者以其理性、专业的投资方法为依托，以战略投资和价值投资为核心，不像短视的中小投资者在市场中盲目投机跟风，而是权衡

---

① Smith, M. P. Shareholder activism by institutional investors: evidence from CalPERS. Journal of Finance, 1996, 51（8）: 227-252.

兼顾长短期利益，从而大大降低股票换手率，客观上稳定了市场，稳定了股价。机构投资者这一相对长期持股行为本身就是一种有效的监督评价措施，并通过高度集中而又相对长期的股权份额时刻监督评价公司治理的状况；这种长期持股的理性行为特征也同时传递着一个信息——目标公司的总体经营管理状况是好的，公司业绩是理想的，即使存在着短期的回落或徘徊。目标公司的董事会和职工因而对公司前景充满信心，同时也对经理层表现感到满意并有可能与之同心协力共谋发展大计；经理层则不会为了追求一些短期利益而损失更大的长期利益，借着机构投资者对其稳固的支持，经营管理者可以全心地投入有利于公司业绩提高的发展战略的研究。机构投资者战略性长期持股既使其对经理层有效的监督评价成为可能，又可以间接协调或直接介入调整好公司董事、经理和职工的关系，有力地促进公司治理结构的完善。

## 四、对管理层效率的影响

机构投资者可以利用自身科学的理念、先进的外来文化冲击公司内部的惰性和偏见，通过递交股东提案、委托投票权争夺和私下协商来使公司管理层通过富于建设性的提案优化内部激励机制设计、经营战略等调整治理结构并促进公司治理效率和绩效的提高。机构投资者所提交的议案的内容主要集中于管理者和股东的潜在冲突问题。除了通过提议阻止反收购措施以外，机构投资者还可以要求更改投票规则，例如股东匿名投票、投票采用累积投票制等，或者提议提高董事会以及其下属各专门委员会（例如提名委员会、审计委员会、薪酬委员会等）的独立性。在机构投资者的提案压力下，美国标准普尔 1500 家大型公司总裁的报酬结构发生了明显变化，即报酬的很大一部分是股票或股票期权，形成了与公司绩效挂钩的激励机制，促使管理层努力提高公司绩效，提高了管理层效率。机构投资者在委托投票权争夺和提案取得成功受目标公司的股东数量和结构影响，当其众多股份数额在目标公司股权结构中所占比例越大，就越能增强其对投票结果的影响力，其影响公司治理结构的意愿就越能得以实现。

## 第四节　机构投资者参与治理对公司经营决策的影响

### 一、经营者薪酬、离职

机构投资者参与公司治理以后，其监督经营者行为的影响主要可以从经营者的薪酬变化和经营者的离职情况两个方面表现出来。机构投资者对薪酬问题的关注集中在限制过高的薪酬和按业绩付酬上。如 CalPERS 不仅通过递交股东提案，要求降低高层管理人员薪酬，还宣称经营者的薪酬应该与企业的表现相联系。那么机构持股与上市公司高级管理层薪酬在实践中究竟呈现出什么关系，相关的研究对此进行了检验。Johnson 等（1997）发现在被 CalPERS 确定为目标后，企业行政人员的薪酬水平和对业绩的敏感度都下降了，而有关的股东提案对两者都没有什么影响。这可能是在 CalPERS 作为积极行动者较高的声誉和其高达 80% 的薪酬提案通过率的影响下，经营者在股东大会之前就通过与 CalPERS 的私下协商达成削减酬金的协议，而且削减的主要部分是长期的激励性薪酬。Hartzell 和 Starks（2000）对 1991—1997 年 1914 家企业的研究表明，经营者的薪酬水平与机构投资者的持股集中度负相关，经营者薪酬对公司绩效的敏感度与机构投资者持股总量和持股集中度正相关[1]。Cosh 和 Hughes（1998）对英国电子工程行业数据样本研究发现，几乎没有证据可以表明机构投资者持股能减少管理层的薪酬，以及机构投资者持股对管理层薪酬和绩效的敏感性会产生影响[2]。Clay（2002）对美国市场相关数据进行实证研究的结果表明，机构投资者持股提高了 CEO 薪酬的绩效敏感性，但机构所有权同时也提高了管理层的薪酬水平。[3] 经验研究的结果之所以存在较大的差异，这可能与各国机构投资者发展和公司治理框

---

[1]　Hartzell, J. C. , Starks, L. T. Institutional investors and executive compensation. Journal of Finance, 2003, 58 (6): 2351-2373.

[2]　Cosh, A. , and Hughes A. Enterprise britain: growth, innovation and public policy in the small and medium sized enterprise sector. London: Press of Cambridge University, 1998.

[3]　Clay, D. The effects of institutional investment on CEO compensation. University of Southern California Working Paper, 2000.

架的不同这一制度背景相关。此外，即使在同一个国家，不同时期机构投资者的作用存在较大的差别也是可能的。但是，各研究在理论框架上还是达成了一致，即认为机构投资者监督作为一种外部治理机制对上市公司管理层发挥了监督作用，因此机构投资者的集中与上市公司高级管理层薪酬总额负相关；同时作为上市公司股东，机构投资者会较为偏好高级管理层薪酬与绩效敏感性较大的上市公司，因此机构投资者的集中与上市公司高级管理层薪酬和绩效的敏感性之间呈正相关关系。

传统上，美国大多数大公司的总裁职务稳定性较高，被解职的可能性很小。机构投资者的积极参与提高了公司经营者的离职率。Guercio 和 Hawkins（1999）发现，被 5 家最大的养老基金作为目标的企业中，平均每年有 10% 的 CEO 离职，而业绩、规模、行业类似的非目标企业 CEO 的离职率仅为 7.5%。即使在提案未能获得大多数股东投票支持的目标公司里，同样会出现更多的离职和裁员。在董事会不大具有独立性，股东构成中缺乏机构投资者的公司，若发生业绩滑坡，会导致总裁所领导的公司高层经理们的解职；而在权力集中于董事会和机构投资者的公司中，发生同样的情况则会导致总裁自己被解职。①

## 二、公司投融资战略

机构投资者身为代理股东，其参与公司的融资决策完全是站在股东利益上的。机构投资者是否利用其对公司绩效的潜在影响积极推进了杠杠作用（即公司负债水平）至今未有明确结论。Noe 和 Rebello（1996）把内部人持股水平高的企业定义为经营者控制的企业，机构投资者持股水平高的企业定义为股东控制型企业，不同类型的企业股利政策和寻找外部融资的愿望不同。经营者控制型企业更倾向于低外部融资水平和低股利支付，不寻求外部融资，以避开审查和资本市场的纪律。股东控制型企业更希望高债务、高股利水平或支付现金流，从而使经营者不得不受市场纪律的束缚和减少浪费性消费。机构投资者持股水平、债务和

---

① Guercio, D.D., and Hawkins, J. The motivation and impact of pension fund activism, Journal of Financial Economics, 1999, 52（1）: 293-340.

红利支付之间正相关①。Bathala，Moon 和 Rao（1994）却认为机构持股能有效监控经营者从而降低代理成本，因此机构持股水平与企业债务水平负相关②。Duffe，Collins 和 Wansley（1997）的研究结果支持 Bathala 等人的结论。他们对 1988—1994 年的 516 家企业进行了研究，发现机构持股水平与企业债务水平明显负相关，红利水平与机构持股水平不相关，说明机构投资者不愿意投资于杠杆水平高从而有更大破产可能性的企业，投资后也不愿意提高企业负债水平而使投资蒙受风险。Firth（1995）认为，机构投资股东的存在将对负债/资产比产生积极影响。Grier 和 Zychowiez（1994）却发现了一个负面影响，他们认为机构投资者的直接约束可以取代负债③。两者不同的原因很可能是 Firth 的数据是来自杠杆作用的鼎盛时期，而 Grier 和 Zyehowiez 涵盖的时间更长，当中有几年杠杆作用势头有所减弱。Clay（2002）发现机构股东的投资密集度与公司收购发生频率有直接关联，并且还出现诸如收购的实用性及收购危险可能引发的短期主义问题④。

　　Smaul（1996）通过对制造业的研究发现，机构投资股东的股权对企业的资本支出有正效应、对企业的研发支出有负效应、对企业的广告支出没有影响。Wahal 和 McConnel（2000）研究了 2500 家企业的机构股权与企业投资性资本支出和研发支出的关系，其结果不支持机构投资者股权导致公司管理者经营短视之说，反而在行业水平上存在机构投资股东的持股比例与投资性资本支出与研发支出存在正相关关系。还有研究显示，机构大股东减少了经理擅自决定的如广告、研发经费和招待费等上的花费。Bushee（1998）的实证研究发现，当机构投资者持股比例较高时，管理者不太会通过减少研发支出来扭转盈余下降，这意味着机构投资者是成熟型投资者并担负着减少管理者短视行为的监督角色；

　　①　Noe, T. H., and Rebello, M. J. Consumer activism, producer groups and production standards. Journal of Economic Behavior and Organizations, 1995, 27（1）: 69-85.

　　②　Bathala, C. T., Moon, K. P., and Rao, R. P. Managerial ownership, debt Policy, and the impact of institutional holdings: an agency perspective. Financial Management, 1994, 23（3）: 38-50.

　　③　Grier, P., and Zychowicz, E. J. Institutional investors, corporate discipline, and the role of debt. Journal of Economics and Business, 46（3）: 1-11.

　　④　Clay, D. The effects of institutional investment on CEO compensation. University of Southern California Working Paper, 2000.

同时 Bushee 还发现那些投资组合转换率较高和喜欢动量交易的机构投资者尽管其持有大比例的所有权，但仍显著提高了管理者通过减少研发支出来弥补企业盈余下降的可能性，这说明当这类投资者持有企业较大比例股份时会导致短期投资行为发生①。

## 三、公司股利政策

代理理论认为若机构投资者能够更好地发挥对管理层的监督作用，那么机构持股的增加将会带来股利支付的增加。Allen 等（2000）认为由于机构投资受谨慎人法则以及与股利相关的税收好处等制约，它们会较为偏好股利分配，因此，高的股利分配将带来机构投资者持股的增加②。逆向选择理论认为，信息完备的投资者会偏好股票回购，机构投资者一般具有信息优势，因此它们会偏好采用回购方式支付的股票而非直接进行现金分配的股票。对上述理论进行的实证检验结果却存在较大的差异，有研究认为在股利中断信息公布后机构所有权并没有发生显著变化，也有研究发现在股利中断信息公布前后机构所有权出现下降。Grinstein 和 Michaely（2005）对机构持股和股利政策之间的关系进行了较为全面的分析，但他们研究的实证结果并没有支持支付高股利会吸引机构投资者，或者机构持股导致企业股利支付量提高的预测模型。

## 四、盈余管理

关于机构投资者和企业盈余报告质量之间的关系目前学术界看法还不一致。积极监督假设认为，由于机构投资者已经将其所管理的资产投资于上市公司，它们会积极地管理投资，因此盈余质量随着机构所有权的提高而上升。私有利益假设则认为，大机构投资者会倾向于利用特定的权利来获取用于交易的私有信息，它们可能不愿意鼓励管理者提供高质量的盈余信息，因此机构所有权的集中与盈余质量之间会呈现出负相关。实证研究中，Bushee（1998）通过检验发现机构所

① Bushee, B. J. The influence of institutional investors on myopic R&D investment behavior. The Accounting Review, 1998, 73（3）：305-333.

② Allen, F., Bernardo, A., and Welch, I. The theory of dividends based on tax clienteles. Journal of Finance, 2000, 55（2）：2499-2536.

有权较高的企业不太可能会出现盈余管理现象①。Chung（2002）发现，机构投资额持有公司大额股份的时候就会阻止经理们通过操纵主观应计项目的方法谋求投机收益，也就是说，大型机构投资者可以阻止经理采用操纵主观应计项目这种盈余管理的行为获取私利。从这种意义上说，机构投资者可以帮助改善公司治理状况。Velury 和 Jenkins（2006）的部分实证结果与上述观点一致，即发现机构所有权和盈余质量之间存在显著正相关关系，但他们同时也发现集中的机构所有权对盈余质量存在负面影响②。

## 第五节　机构投资者参与治理对公司绩效的影响

在西方机构股东积极主义的文献中，关于机构投资者持股对目标公司绩效的影响存在着三种观点，为了论述方便，本书分别把这三种观点概括为绩效提高论、无效论和绩效损害论。

无效论认为机构投资者不能改善公司绩效的理由主要有两个方面原因：第一，机构投资者没有能力提高绩效。例如 Jensen（1993）认为，股东积极主义作为一种公司内部控制机制不能使经理以公司价值最大化为目标。③ Romano（1998）提出，大多数机构投资者参与公司治理的方式是试图改变公司的治理结构，而这种治理结构的变化对公司的绩效影响并不显著。第二，机构投资者没有参与公司治理、监督公司的动机，例如 Black（1997）认为股东积极主义之所以不能影响公司绩效，是由于它们持股水平较低，不愿为干预公司付出过高的成本，在监督管理者方面的投入很少，因此它们所达到的效果也甚微。

绩效损害论的理由同样主要集中于动机与能力两个方面：第一，机构投资者没有能力提高目标公司绩效，甚至会损害目标公司绩效。例如 Lipton 和

① Bushee, B. J. The influence of institutional investors on myopic R&D investment behavior. The Accounting Review, 1998, 73（3）：305-333.

② Velurya, U. , and Jenkins, D. S. Institutional ownership and the quality of earnings. Journal of Business Research, 2006, 59（9）：1043-1051.

③ 由于此处文献全部来自第一章，而第一章的文献笔者标注了出处，因此不再重复标注。

Rosenblum（1991）以及 Wohlstetter（1993）认为，机构投资者既不具备管理企业的专业技能也没有经验来改进管理者所提出的决策，它们的政策建议对企业没多大意义，同时还有可能使管理者提出的政策无法顺利贯彻、执行。第二，机构投资者积极主义没有参与公司治理、监督公司的动机。这主要体现在几个方面：第一，机构投资者注重短期利益，不愿意参与公司治理、监督公司。例如 Heard 与 Sherman（1987）认为，机构股东更注重短期收益而忽视企业长期的稳定性。机构股东更为注重企业短期内的市场表现，因而会妨碍管理者提出的一些只有在长期才能见效益的计划，这将不利于企业的长期发展。第二，机构投资者自身也存在代理问题，它们以自身利益最大化为目标，并不追求股东利益最大化，因此不会参与到公司治理中监督公司经理。例如，Murphy 与 Van Nuys（1994）认为，机构股东内部同样存在代理问题和控制权与所有权分离的问题。机构股东积极主义的行为目标不一定是提高目标公司的业绩以及市场价值，而是基金经理本人的目标，因而存在基金管理者为个人利益而损害目标公司的利益的可能性。Pound（1988）认为机构股东积极主义并非追求目标公司价值最大化，机构股东积极主义可能追求的是机构投资者管理者的私利，它们发现与目标公司经理合作可以互利，这种合作损害了公司绩效。Romano（1993）认为，机构投资者的目标与企业价值最大化的目标并不一致，其目标常常包含社会性或政治性的因素。其主张的政策会妨碍公司运作，从而损害了公司价值。

纵观无效论和绩效损害论的理由，主要集中在机构投资者不具有参与公司治理、监督公司的动机与能力上，而绩效提高论的理由也主要集中在机构投资者具有参与公司治理的动机与能力上。笔者认为，绩效提高论与无效论和绩效损害论的分歧主要是由于机构投资者参与公司治理、监督公司的动机与能力引起的。也就是说，如果机构投资者具有参与公司治理、监督公司的动机与能力，绩效提高论、无效论和绩效损害论的分歧也许会消失，即如果机构投资者具有参与公司治理的动机，以股东利益最大化为目标，且具有参与公司治理的能力，也许会有助于提高公司绩效。

由于公司绩效受到诸多因素的影响，机构投资者参与公司治理是诸多影响公司绩效的因素之一，它有助于提高公司绩效，但不必然导致公司绩效的提高。因此，机构投资者参与治理对公司绩效的影响还有赖于经验证据的支持，本书第五章将就我国机构投资者持股对公司绩效的影响进行实证检验。

　　机构投资者参与公司治理有助于提高公司绩效，其直接原因可能是由于它们监督公司经理和大股东行为缓解了股东与经理、大股东与中小股东之间的代理问题，改善了公司治理，进而有助于提高公司绩效。Admati 等（1994）认为，由于机构投资者在公司的巨大投资以及他们的信托责任使他们有强烈的动机去监督经理行为，这种监督会提高公司的管理效率和决策质量，最终提高公司绩效。Pound（1988）认为机构投资者与小股东相比有更多的专业技术和知识，而且规模经济使得机构投资者只需花较低的监督成本，于是机构投资者持股比例增加可以降低代理问题，提高公司绩效。Chidambaran 和 John（1997）认为，比起其他投资者，作为大股东的机构投资者更易于从管理层得到内幕信息并将这些信息传递到资本市场，这在一定程度上克服了资本市场上的信息不对称问题，增加了企业的透明度，强化了对企业的监督，有助于缓解公司代理问题，从而提高公司绩效。

　　从以上分析我们可以看出，机构投资者参与治理之所以能够对目标公司绩效产生影响，有赖于公司治理的传导。由于公司治理结构主要由股权结构决定，股权结构通过公司治理结构来间接作用于公司绩效，公司绩效是股权结构的函数。因此，机构投资者参与治理有助于提高绩效的根本原因在于，机构投资者参与治理使得目标公司股权适度集中，从而有助于提高公司绩效。

　　在完全竞争型股权结构下，机构投资者参与治理之所以能够缓解股东与经理之间的代理问题，是因为机构投资者的出现使得原来高度分散的股权适度集中，其持有的较大的股份具有监督经理的激励与能力，改变了高度分散股权结构下公司股东无力监督经理的情况，从而缓解了经理与股东之间的代理问题，有助于提高公司绩效。在完全垄断型股权结构下，当机构投资者资金雄厚且实行集中投资战略的时候，它们参与治理使得股权结构由原来的高度集中变为适度集中①，可以形成对控股股东的股权制衡，能够监督控股股东行为，从而缓解大股东和中小股东之间的代理问题，有助于提高公司绩效。

---

　　①　笔者认为，当股权为高度集中的时候，控股股东对公司拥有绝对控制权，其他股东无法对其进行制衡，只有当股权适度集中，任何一个股东没有对公司绝对控制权的时候，才能够相互制衡。

下面本书主要从理论分析和经验证据两个方面来证明这一结论。

如表 3-1 所示，比之于其他两种股权结构，适度集中的股权结构对公司治理的四种机制作用发挥，总体较为有利。由于这四种治理机制对公司的经营及促使经理按股东利益最大化原则行事具有决定性的影响。因此，该类股权结构比之于其他类型的股权结构，可使公司的绩效最大化①。

表 3-1　　　　　　　　不同股权结构对公司治理机制作用的影响

| 治理机制＼股权结构 | 股权很集中，有绝对控股股东 | 股权很分散 | 股权有一定集中度，有相对控股股东，并有其他大股东存在 |
|---|---|---|---|
| 经营激励机制 | 好 | 差 | 一般 |
| 监督机制 | 一般 | 差 | 好 |
| 控制权市场竞争机制 | 差 | 好 | 一般 |
| 代理权争夺机制 | 差 | 差 | 好 |

资料来源：孙永祥，黄祖辉. 上市公司的股权结构与绩效. 经济研究，1999（12）.

以上主要从理论上证明了适度集中股权结构下的公司绩效最大，但是结论的成立还需要经验证据的支持。国内学者近几年来对上市公司的股权结构与公司绩效的关系的研究也越来越多，下面我们简要地介绍一些有代表性的作者通过实证研究所得出的结论。

孙永祥和黄祖辉（1999）以我国沪深上市的 503 家 A 股公司为样本，对它们在 1994—1998 年的不同股权结构与托宾 $Q$ 值进行了回归分析，结论是随着公司第一大股东占有公司股权比例的增加，$Q$ 值先是上升，至该比例到 50%，$Q$ 值开始下降。这个结论在一定程度上验证了作者提出的理论假说：与股权高度集中和股权高度分散结构相比，有一定集中度和相对控股股东并且有其他大股东存在的股权结构，总体而言最有利于发挥公司治理机制的作用，因而具有该种股权结构的公司绩效也趋于最大。②

---

①　孙永祥，黄祖辉. 上市公司的股权结构与绩效. 经济研究，1999（12）.

②　孙永祥，黄祖辉. 上市公司的股权结构与绩效. 经济研究，1999（12）.

张红军（1999）以托宾 $Q$ 值作为度量公司绩效的指标，以 1998 年数据为研究平台，应用中国上市公司截面数据，分析股权结构与公司绩效之间的关系。实证分析的结果是：（1）社会公众股东对公司绩效没有显著的影响；（2）股权集中度与公司绩效存在显著正相关，更为重要的是，法人股股东的股权比例对公司绩效有显著的正效应；（3）国家股股东的持股比例与 $Q$ 值呈负相关关系。作者得出这样的结论：中国上市公司存在着分散小股东的"搭便车"问题，分散的社会公众股东既无激励又无能力监督和控制经理人员的机会主义行为。由此，股权结构一定程度的集中是必要的。①

施东晖（2000）以 1999 年为数据窗口，选取公布 1999 年度财务报告的 484 家沪市上市公司为研究样本，运用横截面数据分析股权种类结构与绩效表现的关系。结果表明：由于国有股东和流通股东在公司治理中的低效率和消极作用，其持股比重与公司绩效之间没有显著关系，法人股东在公司治理中的作用则根据其持股水平而定。当法人股比重低于20%或超过60%时，法人股东在公司治理中会发挥积极作用，此时持股比重和绩效表现存在正向关系；当在20%～60%时，法人股东有可能追求自利目标而背离公司目标，此时持股比重和绩效呈现负向关系。②

曹红辉（2003）选取沪深两市截至 2000 年 12 月 31 日上市的 1144 家 A 股上市公司为总样本，运用截面数据分析股权结构与公司治理绩效之间的关系。其结论是：目前对于中国上市公司而言，较为理想的股权结构既不是高度集中的股权结构，又不是高度分散的股权结构，而是股权结构相对集中，存在多个相对控股股东（3～5 个），彼此之间的股权比例之差小于 10% 比较合适。③

吴淑锟（2002）对上市公司 1997—2000 年的数据进行实证分析，其结果表明：股权集中度、内部持股比例与公司绩效均呈显著性倒 U 形关系；第一大股东持股比例与公司绩效正相关；国家股比例、境内法人股与公司绩效呈显著 U 形相关，这说明当国家或法人持股比例较低时，与公司绩效负相关，而在持股比例较

---

①　张红军. 中国上市公司股权结构与公司绩效的理论及实证分析. 经济科学，2000（4）.

②　施东晖. 股权结构、公司治理与绩效表现. 世界经济，2000（12）.

③　曹红辉. 股权结构、公司治理与资本市场效率. 财经，2003（7）.

高时，与公司绩效正相关；流通股比例与公司绩效呈 U 形关系，即在流通股比例高低的两端，公司绩效均表现出较高水平。①

　　以上作者因为采用的样本不尽一致，使用的数据的统计口径不尽一致，而且对股权结构研究的侧重点有所区别，所以得出的结论也不尽一致。但以下这些结论则是共同的：第一，适当的股权集中度有利于公司绩效的提高，过于分散和高度集中的股权结构都不利于公司绩效的提升；第二，相对集中的股权结构有利于股东对经营者的直接监督和展开代理权竞争活动。

---

　　① 吴淑锟. 股权结构与公司绩效的 U 形关系研究——1997—2000 年上市公司的实证研究. 中国工业经济，2002（1）.

# 第四章　我国机构投资者参与公司治理的实践

## 第一节　我国机构投资者参与公司治理的意义

### 一、我国上市公司股权结构的分析

在股权分置改革以前，我国上市公司的股权结构复杂，分为流通股和非流通股两种。其中，流通股包括境内上市的人民币普通股（即 A 股）、境内上市外资股（即 B 股）和境外上市外资股（即 H 股），非流通股包括国家股、法人股和其他股本。我国自 2005 年实行了股权分置改革，其目的是实现上市公司股份的全流通。但是，在股权分置改革中，我们对占公司股本不同比例的非流通股设置了不同的限售期。同时，在现行的发行制度下，上市公司的股份仍然分为限售股和流通股两部分。上市公司 2000—2006 年股权流通的情况如表 4-1 所示，表 4-2 为2008 年年末我国上市公司的股权结构。

表 4-1　　　　　　　　　　中国上市公司历年末股权流通情况

| 年份 | 2000 | 2001 | 2002 | 2003 | 2004 | 2005 | 2006 |
|---|---|---|---|---|---|---|---|
| 发行总股本（亿股） | 3613.39 | 4838.35 | 5462.99 | 5997.93 | 6714.74 | 7163.54 | 12683.99 |
| 其中　A 股 | 3439.60 | 4650.45 | 5283.64 | 5808.31 | 6505.83 | 6936.08 | 12455.65 |
| 　　　B 股 | 173.79 | 187.90 | 179.34 | 189.62 | 208.91 | 227.47 | 238.34 |

续表

| 年份 | 2000 | 2001 | 2002 | 2003 | 2004 | 2005 | 2006 |
|---|---|---|---|---|---|---|---|
| 流通股本（亿股） | 1233.32 | 1480.88 | 1679.94 | 1897.32 | 2194.15 | 2498.89 | 3444.50 |
| 其中　A股 | 1078.33 | 1315.21 | 1508.43 | 1717.93 | 1996.65 | 2280.84 | 3215.54 |
| 　　　B股 | 154.99 | 165.67 | 171.51 | 179.39 | 197.50 | 218.05 | 228.96 |
| 流通市值（亿股） | 16087.52 | 14463.17 | 12484.56 | 13178.52 | 11688.64 | 10630.52 | 25003.64 |
| 其中　A股 | 15524.21 | 13344.90 | 11718.75 | 12305.92 | 10998.47 | 10028.44 | 23731.26 |
| 　　　B股 | 563.31 | 1118.28 | 765.81 | 872.60 | 690.17 | 602.08 | 1272.38 |
| 市价总值（亿股） | 48090.94 | 43522.20 | 38329.13 | 42457.71 | 37055.57 | 32430.28 | 89403.90 |
| 其中　A股 | 47455.75 | 42245.56 | 37526.56 | 41520.48 | 36309.45 | 31810.55 | 88113.96 |
| 　　　B股 | 635.19 | 1276.65 | 802.57 | 937.23 | 745.22 | 619.73 | 1289.94 |

数据来源：中国证监会《中国证券期货统计年鉴》（2007）

从表4-1和表4-2我们可以看到，自2005年我国实行了股权分置改革以来，流通股比例有明显上升，2005年和2006年流通股占总股份数的比例分别为34.88%和27.16%，而2008年流通股占总股份数的比例上升为49.52%。但是非流通股的比例还是较大，占50.48%，且国有股一股独大，占了总股份数的45.29%。由此可见，我国目前的股权结构还是国有股占主导地位并且具有相当数目的非流通股，这是由于路径依赖所产生的结果。同样在路径依赖的影响下，股权分置改革后一段时间内，目前这种股权结构还将产生一定影响。

表4-2　　　　　　　　**中国上市公司 2008 年年末股本结构**

| 证券类型 | 发行总股本（万股） | 比例（%） |
|---|---|---|
| 非流通股份 | 104943446.07 | 50.480 |
| 　其中　国家股 | 96160675.96 | 45.293 |
| 　　　　境内法人股 | 5622204.20 | 2.704 |
| 　　　　外资法人股 | 840197.42 | 0.404 |

续表

| 证券类型 | 发行总股本（万股） | 比例（%） |
|---|---|---|
| 个人发起人股 | 342852.23 | 0.165 |
| 募集法人股 | 76488.09 | 0.037 |
| 内部职工股 | 0.00 | 0.000 |
| 机构配售股 | 47270.44 | 0.023 |
| 其他 | 3853757.73 | 1.854 |
| 流通股份 | 102948836.67 | 49.520 |
| 其中　境内上市的人民币 | | |
| 普通股 | 47948502.95 | 23.064 |
| 境内上市外资股 | 1211903.31 | 0.583 |
| 境外上市外资股 | 53788430.41 | 25.873 |
| 其他 | 0.00 | 0.000 |
| 股份总数 | 207892282.74 | 100.00 |

数据来源：2008 年《上证 12 月份统计月报》，上海证券交易所（www.sse.com.cn）

　　我国公司的这一股权结构的特点与日德公司不同。虽然我国和日德公司的股权都为股权高度集中型，属于完全垄断型股权结构，但是两者却有着本质区别。日德公司的主要股东是银行股东和法人股东，而不是国有股东；同时，日德公司的控股股东的股份也是可以流通的，虽然他们较少出售其股份。我国股权分置和国有股占主导地位的特征是中国公司治理体系最为本质和突出的特征，而股权的高度集中只是表面特征。这一本质特征使得我国代理问题与日德公司不同，这是因为，在完全垄断结构下，主要存在着大股东与经理层、大股东与中小股东之间的代理关系，日德公司中主要是银行股东和法人股东占主导地位，能够有效监督经理层，所以在日德公司中主要是大股东与中小股东之间的代理问题。在我国，国有股占主导地位，由于我国国有股东存在"所有者缺位"现象，国有股东无法有效监督经理层，因此我国公司不仅存在着大股东与中小股东之间的代理问题，还存在着大股东与经理层之间的代理问题。我国国有股占主导地位和存在相当数目非流通股这一特征使得我国公司治理机制存在缺陷。

## 二、我国上市公司治理缺陷

在股权分置的条件下，流通股和非流通股同股不同权、同股不同利、同股不同责，而非流通的国有股占绝对控股地位，这一特殊性使非流通的控股股东与流通的少数股东之间利益目标不相一致，而且权力分配极度失衡。这使得两者的矛盾成为中国公司治理的最主要矛盾。这一特殊性也造成了中国公司内部治理机制的失效，使对国有控股股东的监督和制衡成为首要的治理问题。在实施股权分置改革后，国有股仍占控股地位，仅从内部治理结构和机制的设计和安排上加以改进，难以从根本上解决中国公司存在的严重的治理问题。而且，在这种特殊的股权结构下，内部治理机制和外部公司治理机制都难以发挥作用。

### （一）我国上市公司内部治理机制的缺陷

公司内部治理机制是指通过法人治理实施的治理活动，其核心是公司内部的公司治理设置及其权利分布，目的是保证公司的健康运作，形成一套健全的激励和约束机制。公司外部治理机制一般是指控制权市场、经理人市场等外部力量对企业管理行为的监督。其作用在于使经营者行为受到外界评价，迫使公司管理层自律和自我控制，外部治理是内部治理的必要补充。

#### 1. 股东大会形同虚设

根据《公司法》，公司权力配置给三个各自独立的公司机关：股东大会、董事会、监事会。基本上是遵循了公司内部分权制衡的原则。股东大会选举董事会和监事会，董事会聘用并监督经理的日常经营管理活动，监事会负责对董事和经理的经营行为的监督。因此，公司内部治理机构主要包括股东大会、董事会、执行机构和监事会等，它们的日常运行构成了内部治理机制中的约束机制。中国上市公司绝大部分是由国有企业改制而成，国有股份所占比重过大。由于中国公司大部分由国有股东控制，股东大会基本成为国有股东的会议。国有股东可以凭借其持有的绝对多数的投票权将其自身意志转变为股东大会的决议，董事会成员、总经理的聘任都是由国有股东或原主管部门指定。而少数股东的利益和愿望难以在股东大会上得以体现，从而使许多公司的少数股东根本不参与股东大会的投票表决。同时，公司董事会的成员也基本由国有股东委派。因此，股东大会应有的对公司董事会的任免、监督及约束的功能只是成为公司章程中的条文而已，在实践中难以实现。

2. 董事会缺乏对公司经理的有效约束

董事会在公司治理结构中主要有两大功能，一是监督经理层，二是为经理层提供经营建议。在"国有股股东缺位"和"一股独大"的情况下，大股东利用控股地位，通过选举来完全控制董事会；现代公司理论表明，在股权相对集中的条件下，大股东有积极性直接对企业实施监控。但是国有股权的有效持有主体严重缺位，致使国有产权虚置，没有形成人格化的产权主体，大股东对企业的监控机制难以建立，国有大股东操控下的董事会难以对经理层进行有效约束，容易衍生经理层的道德风险，产生内部人控制。而且，很多上市公司董事长兼任总经理，这种扭曲的雇佣关系使经营者权力膨胀，"寻租"动机强烈，所有者权益被渐渐蚕食，代理成本巨大。

3. 监事会监督功能失效

我国的上市公司实行的是单层董事会制度，监事会仅有监督权而无控制权和战略决策权，更无董事和经理的任免权。监事会由股东代表和职工代表组成。股东代表由股东大会选举产生，职工代表由职工代表大会选举产生。在监事会的人员组成中，职工代表在行政管理层级上是受到董事经理的领导，并且监事并不是一个公司中的职位。作为受到经理董事管理的职工，监事会中的职工代表要在公司权力结构中对经理董事进行监督是不可能的。在实践中，职工代表监事，几乎只是一个装饰。由于监事会中的股东代表由股东大会选举产生，而我国上市公司中国有股份所占比重过大，国有股东可以凭借其持有的绝对多数的投票权将其自身意志转变为股东大会的决议。因此，股东代表监事实际上是国有股东代表，结果是要国有股东监督自己，监督难以发挥出其应有的监督功能。

（二）我国上市公司外部治理机制的缺陷

1. 公司控制权市场扭曲

控制权市场通常也被称为接管市场，是一个由各个不同管理团队在其中争夺公司资源管理权的市场①。完善有效的公司控制权市场是改善公司治理的重要外部机制。而从中国的现实来看，由于受到诸多因素的限制，公司控制权市场尚未形成：

（1）由于国有企业的剩余索取权在中央和各级地方政府之间作了分割，而控制权也在不同的机关中分割，除了行业主管部门、集团公司拥有企业的控制权外，政府中的财政、经贸、计划等综合经济部门以及地方政府也有一定的控制权。在控制权被不同利益主体肢解、产权缠杂不清的情况下，很难有规范的公司购并活动发生。

（2）上市公司之间的收购重组基本上是通过协议转让的方式来进行，并具有浓厚的行政安排色彩，这样就无法通过证券市场的接管机制来替换绩效低劣的在职经营者。

（3）公司接管存在的上市公司壳资源买卖行为，是市场方式矫正以往上市和配股行政管理行为模式的行为，并没有达到资源配置效果和公司治理功能。新的控股股东通常通过将自己的业务注入被接管公司来改善短期会计业绩指标，实质上仍是一种变相的"圈钱"行为，降低了控股股东持续改善经营的压力②。

2. 公司代理人市场失效

经理人市场的有效供给能够持续地对在位经理人产生"威胁"，促使其努力工作，改善公司经营业绩。但我国上市公司的经营者主要是行政任命或由政府组织部门考察，而不是通过市场上的竞争和招聘选择真正有经营才能的经理人。上市公司经营者绝大部分主要是由主管部门、国有资产管理部门和国有股东控制的董事会任命，而通过竞争与招聘的则寥寥无几。而且"一股独大"的股权安排，使得上市公司经理人员利用政府产权上的超弱控制形成对企业的内部人控制，同时又利用行政上的超强控制转嫁经营风险，将经济性亏损推托为体制性因素、社会负担性因素。这些难以严格界定的因素造成了考察和评判经营者才能的困难，无法实现优胜劣汰的用人机制。

---

① Jensen, R., and Ruback, C. The market for corporate control: the scientific evidence. Journal of Financial Economics, 1983, 11（3）: 5-50.

② 吴姚东. 论中国公司治理改革与机构投资者的发展. 经济评论, 2002（5）.

3. 股价机制失灵

在有效的证券市场中，公司股票的市场价格是合理的，提供了公司管理效率的信息，反映了公司经营者的经营水平，是证券投资价值的最佳评估标准。尽管股票市场的涨跌和股价的高低不时受到诸多主客观因素的影响，但随着投资者的日益成熟和股票市场的日益理性化，股价的高低最终将取决于其内在的投资价值，亦即公司的盈利水平和风险状况。

资本市场的价格提供了投资者对公司的评价，而这一评价对公司治理来说是极为重要的。这是因为：首先，公司经理人员相对投资者而言拥有更多的企业内部信息，投资者想得到这些信息需要支付高昂的信息成本，也就很难对公司的经营进行监督。证券市场的价格发现机制降低了投资者的信息成本，投资者只要观察股价就可得到市场参与者对公司经营前景与企业家才能的估价，从而降低了投资者对公司经理的监督成本。其次，证券市场的价格在提供投资者对公司的评价的同时，也提供了对公司经营者的评价，如果公司业绩低劣，导致不满的投资者选择"用脚投票"，使公司股票价格剧跌，会给经营者带来相当的压力，促使经营者尽职尽责，并通过努力工作用良好的经营业绩来维持股票价格。

在中国股票市场，公司经营绩效和股票价格没有实现真正的挂钩，而且股市下跌常常是政府的收缩性政策造成的，致使流通股东揣测政策走向重于考察公司经营情况。而且，长期以来，不少上市公司为了达到增发和配股的业绩标准，费尽心机粉饰业绩，甚至赤裸裸地造假，或是和股市上的庄家勾结，炮制"题材"，哄抬股价，虚高的股价和暴富的机会使得散户投资者热衷于"接力游戏"而疏于对管理者才能的考察和评价，造成股价的信号传递功能失灵。我国上市公司股价形成机制为经理人员提供了"保护伞"。因此，我国股价形成机制失去效力，难以发挥监督公司经理的功能。

## 三、我国机构投资者参与公司治理的意义

公司治理结构主要由股权结构决定，我国公司治理的缺陷在于国有股"一股独大"。因此，我们认为，如果我国建立起一个合理的股权结构，有助于解决我国上市公司存在的治理问题。

　　要优化目前我国的股权结构，改变国有股"一股独大"的局面，需要形成一种与国有控股股东相制衡、多元投资主体的股权结构，这种股权结构不会影响公有制的主导地位，在政策上具有可行性。这种股权结构的形成过程也是国有股淡出的过程。但是，国有股的淡出并不是国有股的完全退出，而是通过培育多元投资主体，推进上市公司股权结构优化，形成股东间的有效制约，其目的在于避免国有股"一股独大"而产生的治理问题，不但不会改变公有制成分的主导地位，还可以在逐步减持国有股的过程中，将部分国有股权从个别竞争性行业退出，重新建立国有经济在各个产业间的战略布局，加强国有经济在整个国民经济中的控制力。

　　为了形成合理的股权结构，必须在国有资本占国民经济主导地位的基础上，减持国有股，将"所有者缺位"空间部分地让出来，增加新的人格化所有者来填补这一"让位"空间，从制度创新上进行"补位"。如果国有股的减持部分由具备雄厚资金实力的机构投资者所承接，机构投资者资金雄厚，投资集中，可以形成机构投资者与国有控股股东相制衡的股权结构；机构投资者具有监督中介的特征，能够有效监督公司经理，属于人格化所有者。因此，发展机构投资者，并鼓励投资者参与公司治理，能够完善公司股权结构，有助于改善公司治理，提高公司绩效。

　　长远来看，实现全流通后，不会从根本上改变国有股东"一股独大"的局面。这是因为，我国股权结构长期的畸形发展，非流通股股东股权高度集中，流通股股东高度分散持股，大股东对上市公司实施内部人控制已成顽疾。股权分置改革使非流通股支付一定的对价获得了流通权，但绝大部分的大股东依然掌握着上市公司的控制权。因此，股权的全流通实际上只是解决了流通股与非流通股之间的利益冲突，实现了全流通以后，这个冲突的解决缓解了流通股股东的弱势地位，但是中小投资者的弱势地位依然是一个现实问题，中国股市依然会存在大股东与中小股东之间的矛盾和冲突①。这一点可以从日德治理模式

① 巴曙松.启动股权分置问题试点：中国股市转型的制度基础.中国金融，2005(9).

的实践得以证明，在日德治理模式下，虽然股权高度集中，不存在股权分置现象，即股权全流通，但是仍然存在着严重的公司治理问题，以至于股权逐渐由高度集中走向适度集中。我们可以看出，股权分置改革不能完全解决我国上市公司的治理问题，在实现全流通以后，应积极发展机构投资者，并鼓励他们参与公司治理，这样才能有效地完善我国股权结构，并改善公司治理，进而提高公司绩效。

## 第二节　我国机构投资者参与公司治理可行性分析

随着机构投资者自身条件和客观环境的不断变化，积累了一些有利于我国机构投资者参与治理并有效发挥作用的因素，机构投资者参与上市公司治理具备了初步条件。

### 一、压力不敏感型机构投资者的壮大

如前文所述，由于机构投资者和目标公司存在利益冲突，只有压力不敏感型机构投资者才有参与公司治理的动机，而压力敏感型机构投资者不愿意参与公司治理并监督公司。我国机构投资者在数量和规模上获得了较快的发展，截至 2007 年年底，各类机构投资者持有 A 股市值比重达到约 32%。对比一系列数据可以看出，目前以基金、券商、QDII、QFII、保险资金、社保基金、企业年金等为主要力量的机构投资者已成为我国资本市场稳定发展的重要主导力量，其中证券投资基金与社会保障基金是我国主要的压力不敏感型机构投资者。我国压力不敏感型机构投资者得到了壮大，由于所有权带来的控制权，它们能够形成与国有股东制衡的力量，监督国有股东，发挥公司治理的作用。此外，机构投资者规模增大也使它们在上市公司中的投资比例增加，使得它们参与治理获得净收益的可能性增大，从而有参与公司治理的动机。

1. 证券投资基金

在我国基金业发展初期，由于起步晚，各方面运作尚不成熟，市场投机气氛浓厚，基金行业曾发生过一些违规行为，使行业发展遭受重大挫折。从 2000 年

起，中国证监会提出"超常规发展机构投资者"，并将其作为改善资本市场投资者结构的重要举措。同时，行业运作的规范化、透明化程度得到加强，社会公信力初步建立。改革所引入的市场竞争机制，激发了基金管理公司创新能力和服务质量的大幅提升。我国基金产品层次逐步丰富，融资能力不断增强。2003 年 10 月 28 日，十届全国人大常委会第五次会议正式通过《证券投资基金法》，已于 2004 年 6 月 1 日正式实施。《证券投资基金法》的颁布和实施，是中国基金业和资本市场发展历史上的一个重要的里程碑，标志着我国基金业进入了一个崭新的发展阶段。《证券投资基金法》的出台，一方面给投资基金以应有的法律地位，另一方面予以严格的制度规范，可以有效规范基金的投资运作，促进基金业的健康发展。2006 年，证监会适时推出基金封转开战略方案，同时加强监管，颁布了一系列规范性文件，指导行业规避风险。当年我国基金管理资产达到 7500 亿元，扩张规模几乎达到过去 8 年的总和。

目前，证券投资基金已成长为我国资本市场最大的机构投资力量，基金业多元化竞争格局也初步形成。除对冲基金外，ETF、LOF、货币基金、指数基金等世界主要基金品种均已在我国市场出现。证监会原主席尚福林曾表示："近年来我国基金行业在坚持价值投资理念、积极引导市场投资行为，减少投机炒作等方面取得了长足进步。"

截至 2008 年 12 月 31 日，共有 476 只证券投资基金，资产净值合计 18864.6 亿元，份额规模合计 24638.56 亿份。其中，32 只封闭式基金资产净值合计 685.52 亿元，占全部基金资产净值的 3.63%，份额规模合计 768.1 亿份，占全部基金份额规模的 3.12%。444 只开放式基金资产净值合计 19179.08 亿元，占全部基金资产净值的 96.37%，份额规模合计 23870.46 亿份，占全部基金份额规模的 96.88%。

根据中国银河证券的定义，包括封闭式基金和开放式基金的股票型基金、指数型基金、偏股型基金和平衡型基金为股票投资方向基金。截至 2008 年 12 月 31 日，股票投资方向基金共有 253 只，资产净值合计 11310.3 亿元，占全部基金资产净值的 59.96%，份额规模合计 16725.8 亿份，占全部基金份额规模的 67.88%

（见表4-3）。

表4-3 　　　　　　　　　　2008年股票型基金发行募集一览表

| 类型 | 基金数量（只） | 资产净值（亿元） | 占全部基金资产净值的比例（%） | 基金份额规模（亿份） | 占全部基金份额规模的比例（%） |
|---|---|---|---|---|---|
| 标准股票型 | 134 | 5918.8 | 31.38 | 8804.92 | 35.74 |
| 普通股票型 | 30 | 1335.5 | 7.08 | 1784.42 | 7.24 |
| 标准指数型 | 12 | 629.51 | 3.34 | 973.5 | 3.95 |
| 增强指数型 | 7 | 355.35 | 1.88 | 601.6 | 2.44 |
| 偏股型 | 59 | 2703.16 | 14.33 | 4110.54 | 16.68 |
| 股债平衡型 | 11 | 367.98 | 1.95 | 450.82 | 1.83 |
| 合计 | 253 | 11310.3 | 59.96 | 16725.8 | 67.88 |

资料来源：中国基金网，http://www.chinafund.com.cn

2. 全国社保基金

为了筹集和积累社会保障资金，进一步完善社会保障体系，中国政府在2000年11月建立"全国社会保障基金"，并设立"全国社会保障基金理事会"作为管理机构。全国社保基金由中央财政拨入资金、国有股减持划入的资金、股权资产和经国务院批准以其他方式筹集的资金及其投资收益构成。随着直接投资资本市场的尺度不断放宽，社保基金的投资能力也在不断增强。据初步统计，截至2007年6月，全国社保基金理事会成立以来共得到财政拨款2700多亿元，投资净赚2100多亿元。

根据全国社保基金理事会发布的2007年全国社会保障基金年度报告披露，截至2007年年底，社保基金资产总额4396.94亿元，比2006年增长1568.01亿元。其中，社保基金会直接投资资产2327.54亿元，占比52.94%，委托投资资产2069.40亿元，占比47.06%。2007年全国社保基金实现收益1129.20亿元，浮动盈利增加额340.30亿元，经营业绩1453.50亿元，经营收益率为43.19%。

## 二、股权分置改革的推进

股权分置改革以前，中国上市公司的股权结构比较特殊，股份分割现象严重,从流通性上看,可以分为流通股和非流通股,真正的可流通股仅占一小部分,而国有股、法人股和内部职工股等非流通股却占了上市公司股份的绝大多数。虽然在某些情况下,机构投资者可以通过协议的方式取得上市公司的国有股或法人股,但这种形式并不普遍,机构投资者最多的还是通过证券市场取得上市公司的股权。但由于我国股份的流通股与非流通股的分置,且非流通的国有股和法人股占绝大多数,甚至国有股"一股独大",机构投资者要想在流通市场上取得对上市公司的相对控股权是比较困难的。由于机构投资者持股比例较低,因此没有参与公司治理的动机。

实现了股权分置改革以来,一方面,从已经实施股权分置改革的公司推出的方案来看,非流通股股东给予流通股股东的补偿中均含有一定比例的股份,意味着股东之间的持股比例会有增减变化,原非流通股股东的持股比例有不同程度的下降,流通股东的持股比例会有所上升,因此,机构投资者作为流通股东可持有的股份也有所上升。另一方面,通过股权分置改革,国有股获得了流通权。这为机构投资者增持上市公司股份提供了必要条件。这是因为,我们可以通过国有股的减持,在逐步降低国有股权比例的同时引进机构投资者,机构投资者的持股比例将会上升。由于所有权带来的控制权,它们能够形成与国有股东制衡的力量,监督国有股东,因此具备参与公司治理的能力。此外,机构投资者规模增大也使其在上市公司中的投资比例增加,使得其参与治理获得净收益的可能性增大,从而具有参与公司治理的动机。因此,股权分置改革的推行使得机构投资者参与公司治理具有可行性。

## 三、价值投资理念的形成

长期以来,中国资本市场呈现出明显的庄股时代的特征,表现为机构投资者之间的较多共谋行为,机构与散户博弈存在非均衡性,机构投资者与上市公司联手操纵市场,机构投资者利用虚假股东账号、虚假交易等手段来操纵股价。但随着监管环境和投资环境的改变,这种行为越来越难以达到盈利目的。中国证券市场正处于结构调整的转型期,市场运行格局的深刻变化要求机构投资者重新审视市场,并在投资理念上做出相应调整。2003年以来,以证券投资基金为首的机构投资者引导的价值投资理念开始成为股市的主流。价值投资理念推崇那些业绩优良、发展前景良好、分红回报丰厚的上市公司股票，注重对公司基本面的分析。而机构投资者对上市公司经营状况的分析和考察正是其介入上市公司治理的必要步骤。而且，蓝筹股的市场号召力以及对资金的吸引力，使机构投资者有动机介入上市公司治理以获得公司业绩增长带来的股价上升的收益。同时，2002年11月，中国证监会和中国人民银行联合发布了允许合格境外机构投资者（QFII）投资中国A股市场的政策，这些获得我国QFII资格的都是国际知名的金融机构，它们在参与上市公司治理方面具备长期的全面的全球性经验，有很多成功的案例可以供国内机构投资者借鉴，有利于我国机构投资者形成价值投资的理念，并为我国机构投资者参与上市公司治理提供宝贵经验。

　　一方面，价值投资理念的形成使得我国机构投资者采取长期投资的策略，使得机构投资者具有参与公司治理的动机；另一方面，价值投资理念的形成将对上市公司的经营管理形成压力，促进上市公司不断规范信息披露程序，确保信息披露的客观有效性，这将大大减少机构投资者介入上市公司治理的信息成本，增强机构投资者参与公司治理的动机。

## 第三节　我国机构投资者参与公司治理实践的案例分析

　　我国公司治理中机构投资者行为主要分为两大类，一类是主动行使股东权利，即"用手投票"，也就是本书中所指的股东积极主义，另一类就是消极行为，当对公司不满时就抛售该公司股票，即"用脚投票"。由于股东积极主义行为中，一些是以股东价值最大化为目标，另一些并非以股东价值最大化为目标；而机构投资者参与治理主要指那些以股东价值最大化为目标的股东积极主义行为。这意味着我们可以通过股东积极主义的目标来判断其是否具有参与公司治理的动机。因此，本节通过我国公司治理中机构投资者行为的案例，来分析我国机构投资者是否参与公司治理的行为以及效果。我国机构投资者在公司治理的行为中，如果机构投资者主动行使股东权利并且其积极行为是以股东价值最大化为目标，则其参与公司治理。反之，则没有参与公司治理。

　　纵观西方股东积极主义的文献，主要从机构投资者积极主义是否具有参与治理的动机与能力来分析机构股东积极主义对公司绩效的影响，因此，我们借鉴这个分析方法，在分析我国公司治理中机构投资者行为的案例时主要分析我国机构投资者在公司治理中行为的效果并从其参与治理的动机和能力来加以解释，同时我们还从是否存在利益冲突来分析机构投资者参与治理的动机。通过以上分析，我们可以了解我国机构投资者在公司治理中行为的效果、是否参与公司治理、参与公司治理的能力以及影响参与公司治理动机的因素。

根据机构投资者是否参与公司治理以及对公司治理的影响，可以将我国公司治理中机构投资者行为的案例分为四类：第一，机构投资者参与公司治理，并且其治理行为取得完全成功。第二，机构投资者参与公司治理，其治理行为取得部分成功。第三，机构投资者参与公司治理，但其治理行为未取得成功。第四，机构投资者没有参与公司治理。本节根据以上分类方法，每类选择一个典型案例进行阐述。

## 一、ST 德豪缩减小家电业务事件

2017 年 10 月，ST 德豪发起 20 亿元的定向增发，主要用于投资 LED 倒装芯片生产线，进一步扩大 LED 相关产品的产能。华鑫信托溢价认购 ST 德豪 2.12亿股，认购价格为 5.43 元/股，总价高达 11.5 亿元，限售期 1 年。华鑫信托作为机构投资者以 12% 的股份一跃成为 ST 德豪的第二大股东。与此同时，ST 德豪实控人与华鑫信托私下签订了"抽屉协议"。在该协议中，双方约定在标的股票出售或处置之前，公司实控人与公司实控股东德豪投资有义务对华鑫信托认购的部分"保本保收益"。

随后由于市场行情变化以及 ST 德豪经营恶化等原因，在发起定向增发的半年多时间里，公司股价一直持续下降。截至 2018 年 9 月初，ST 德豪的股价缩水超过 40%。这种情况的存在，严重影响了华鑫信托的投资本金和收益。华鑫信托派代表前往 ST 德豪与公司实际控制人进行谈判，要求后者履行"抽屉协议"，采取保障措施，并要求安排华鑫信托方面的人员进入公司董事会。同年 9 月 28日，华鑫信托方面的人员被提名为 ST 德豪第六届董事会非独立董事候选人。至此，华鑫信托开始逐渐参与到 ST 德豪的公司治理中。

2021 年 3 月 26 日，公司董事会审议通过了《关于优化调整小家电业务的议案》，该议案的主要内容是由于公司经营困难，管理层决定缩减目前作为主营业务的小家电业务，只保留咖啡机和小马达业务，其他业务线会根据具体情况予以放弃。而董事会成员对于该议案的看法存在巨大分歧，总共 9 名董事，出现 5 票同意、2 票反对、2 票弃权的结果。华鑫信托方面的董事认为，公司非常依赖于小家电业务，该计划会使得销售额锐减，从而导致公司陷入巨大的经营困境，大概率会引起股价进一步下跌，此议案最终会损害广大中小股东的利益。与此同时，管理层针对即将面临的收入锐减情形，并未在披露的公告中给出实质性的解决方案。于是，华鑫信托方面的董事投出反对票，理由是"本次会议涉及削减公司现有业务收入规模约 70%，如此重大经营事项的议案材料，准备粗陋，留给董事成员分析判断的时间不到一天。所以无法做出审慎决策，并且，根据公司章程规定应提交股东大会审议，但议案中未有相关安排"，另一名投反对票的董事也表达了类似的意思，剩余两名投弃权票董事的理由是考虑时间不充分。

最终，由于几位董事的据理力争，本次董事会决议很快就受到了监管层的关注，深交所对公司下发关注函，在该议案的推进过程中按下了"暂停键"，要求管理层解释议案的必要性和合理性[1]。

## 二、贵州轮胎股利分配事件

2015 年 4 月 24 日，贵州轮胎公司公布了 2014 年年度报告及摘要。董事会通过了该报告，并通过了决议：拟以 2014 年 12 月 31 日公司总股本 775464304 股为基数，向全体股东每 10 股派送现金 0.30 元（含税），共向股东派出红利 23263929.12 元。

2015 年 5 月，在 2014 年度股东大会召开之前，天弘基金持有贵州轮胎 59809000 股，占公司总股本的 7.71%，牢牢占据第三大股东的位置。由于 2014 年度贵州轮胎公司董事会提出的股利政策分配预案为少量的现金分红，天弘基金在公司董事会公布 2014 年度股利分配预案后对方案提出了异议。当日，天弘基金代表将一份临时提案当面递交给了黔轮胎 A 董事长，并同时呈送给了贵州省证监局。天弘基金向贵州轮胎 2014 年股东大会提出了这一临时提案：以贵州轮胎

---

①　赖羿飞. 定向增发中机构投资者争夺上市公司控制权研究——以 ST 德豪为例. 杭州：浙江工商大学硕士学位论文，2023.

公司 2014 年 12 月 31 日总股本 7.75 亿股为基数，以资本公积金转增股本方式向全体股东每 10 股转增 15 股，理由是自 2011 年以来，公司未实施过资本公积金转增股本或分配股票股利。此外，2015 年 1 月 8 日贵州轮胎第一次临时股东大会审议通过了《关于实施特种轮胎异地搬迁改造项目的议案》，拟投资 14.2 亿元用于"特种轮胎异地改造项目"。由于上市公司正在进行重大投资，为减轻上市公司资金压力，同时兼顾全体股东的回报，使他们能够充分享受公司未来发展的经营成果，在符合利润分配原则的前提下，提出上述临时提案。

贵州轮胎董事会收到天弘基金代表当面提交的提案后，认为本次临时提案未附提案人的持股证明，提案人并未承诺在股东大会审议表决前自愿锁定股份，并且提案人并未对本次提案对其他中小股东的影响进行说明，因而拒绝公告该提案。天弘基金认为公司董事会应在收到提案 2 日内公告，并没有法定权利对提案的形式进行指责，而公司法、公司章程并未将提案股东必须作出股份锁定承诺、必须说明临时提案对市场及其他股东的影响等作为行使股东权利的必要条件。而公司董事会则坚持己见，要求天弘基金按照董事会的要求提供持股证明并且承诺在股东大会审议表决前自愿锁定股份，说明提案对其他中小股东的影响等要求。

双方在僵持了一段时间后，5 月 4 日，天弘基金补充了持股证明，并承诺自临时提案之日起至 2015 年 5 月 15 日 2014 年度股东大会召开不卖出持有的股票，并且在股东大会审议上述 2014 年度利润分配预案时投赞成票。贵州轮胎董事会表示将根据公司法、上市公司章程的规定披露本次临时提案，但因本次临时提案不涉及上市公司利润分配，而是涉及上市公司股本增减变动，会将本次提案提交 2014 年度股东大会以特别审议程序（即三分之二以上多数股东表决通过）审议。

5 月 6 日，贵州轮胎董事会正式公告了这一提案。根据公告内容，本次临时提案将以特别审议程序审议。天弘基金对这一做法提出了不同意见。天弘基金认为这是为其行使权利设置障碍。根据贵州轮胎公司章程，利润分配预案只需通过股东大会普通审议程序（即二分之一以上股东表决通过）审议。董事会的上述做法对中小股东没有给予公平、公正的对待，违反了公司法、公司章程，侵犯了中小股东的合法权益。在天弘基金看来，本次临时提案仅是涉及贵州轮胎公司 2014 年度利润分配事项，应根据上市公司章程经股东大会普通决议审议表决。贵州轮胎董事会认为，天弘基金的临时提案不涉及上市公司利润分配，而仅仅涉及上市公司股本增减变动，因此将该提案列入特别审议事项。

5月13日，天弘基金表示，如果控股股东贵阳市工业投资（集团）有限公司及公司董事会坚持以特别审议的方式通过上述提案，他们可能联合其他机构，包括与它同属一个定增计划的五矿信托以及中小股东等，对所有其他议案都投反对票。

5月15日，2014年度股东大会召开。公司董事会提出的2014年度利润分配预案表决情况为：同意198453035股，占出席会议股东所持有效表决权股份总数的43.7899%；反对179422562股，占出席会议股东所持有效表决权股份总数的39.5907%；弃权75318124股，占出席会议股东所持有效表决权股份总数的16.619%，该预案未获得通过。天弘基金提出的临时提案表决情况为：同意175979459股，占出席会议股东所持有效表决权股份总数的38.8310%；反对198938196股，占出席会议股东所持有效表决权股份总数的43.8969%；弃权78276067股，占出席会议股东所持有效表决权股份总数的17.2721%。该提案未获得出席会议股东所持有效表决权股份总数的2/3以上，因而未获得通过。

在提出的利润分配临时提案遭否决后，天弘基金在5月22日公告减持贵州轮胎26798309股，占贵州轮胎总股本的3.46%，减持后持有33201691股，占贵州轮胎总股本的4.28%。6月10日，持有贵州轮胎A的另一机构投资者工银瑞投定增1号专户公告称，在2015年6月2日至6月8日，工银瑞投定增1号专户累计减持贵州轮胎40000000股，占贵州轮胎总股本的5.16%。减持后持有贵州轮胎36560000股，占贵州轮胎总股本的4.71%。

在此情况下，贵州轮胎董事会开始商议对策。6月30日，贵州轮胎董事会提出了新的利润分配预案，对原先的利润分配方案加以优化，拟以2014年12月31日公司总股本775464304股为基数，向全体股东每10股派送现金0.40元（含税），共向股东派出红利31018572.16元。从贵州轮胎董事会提出的新议案来看，分配方案从10股派0.3元提高到10元派0.4元，有一定的提升①。

---

① 徐椿龄. 机构投资者积极股东行为有效吗？——以黔轮胎A公司股利政策事件为例. 上海：华东理工大学硕士学位论文，2018.

### 三、中兴通讯发行 H 股事件

2002 年 7 月 19 日，中兴通讯推出增发 H 股的议案，计划于 2002 年第 4 季度发行境外上市外资股并在香港联交所主板上市，发行不超过占发行后总股本 30% 的 H 股。重仓持有中兴通讯股票的基金公司先后就增发 H 股的议案发表了反对意见，认为 A 股和 H 股两个市场的割裂和定价机制的不同，在市盈率水平相对较低的香港市场发行 H 股，势必会摊薄现有 A 股股东的权益，损害现有流通股股东的利益。因此基金公司希望取消或者改变上市公司的再融资计划，并进行了多方交涉。基金公司以中国证监会新发布的《关于上市公司增发新股有关条件的通知》为武器，计划在中兴通讯股东大会上充分行使流通股东的权利。因为该通知规定"上市公司增发新股的股份数量超过公司股份总数 20% 的，其增发提案还须获得出席股东大会的流通股（社会公众股）股东所持表决权的半数以上通过"。不过，中兴通讯最终得到证监会有关方面的明确意见，认为不久前发布的有关增发新股的新规定不涉及境外上市，因此 H 股发行计划最终由出席股东大会的全体股东进行表决。

从当时的股权结构来看，中兴通讯国有法人股持股比例达 52.85%；各基金公司持股占公司流通股的 12.774%，合计 2679 万股。中兴通讯的前十大股东之中只有申银万国证券和景宏基金两家流通股股东，且合计持股比例不到总股本的 2.5%。因而在投票表决中，流通股处于十分不利的地位。

2002 年 8 月 20 日，中兴通讯召开了临时股东大会，出席投票的股东代表 113 名，占整体权益 66.04%。由于持有 52.85% 权益的大股东中兴通讯设备有限公司投赞成票，发行 H 股方案的议案获得 90% 以上赞成票通过，反对票和弃权票的比例大约为 10%，主要来自流通股股东。

在中兴通讯发布增发 H 股公告至股东大会投票表决的过程中，基金公司等机构投资者不断用脚投票，大量减持股票。基金公司在 2002 年半年报中还持有的 6.3 亿元市值的中兴通讯流通股，到了 2002 年年底已不在重仓股之列，中兴通讯的股价也随之下跌超过 50%。

## 四、獐子岛"扇贝事件"

2016 年 6 月 5 日，北京吉融元通与獐子岛签署了股份转让协议。在协议中，吉融元通计划用其管理的"和岛一号证券投资基金"募集的资金来出资购买投资发展中心转让的獐子岛股份。北京吉融元通以每股 7.89 元的价格购入獐子岛投资发展中心 5916.12 万股，对价 4.67 亿元，占公司总股本的 8.32%。

2017 年，吉融元通在入股獐子岛后遭遇了第二次"扇贝事件"，獐子岛的捕捞员在检测时发现大量扇贝胀口、腐烂，并且处于持续死亡的状态。根据当时的检测结果，该批扇贝死亡率达九成。但是獐子岛并没有对此消息进行及时披露，甚至在 2017 年公司年会中还依然公布当年的销售额达到近 30 亿元，净利润达到 9000 万元。

而在此次扇贝死亡事件中，作为第二大股东的机构投资者吉融元通并没有发挥出应有的作用，进行信息披露方面监督或者利用其他方式发声。反而在 2017 年 9 月 2 日，吉融元通就对外发布了减持公告，计划进行 3% 以内的减持，对于该减持行为，官方的披露解释为投资退出。

在吉融元通发布减持公告之后，獐子岛发布了 2017 年的第三季度报告和年度的业绩预告，其中季报显示獐子岛当季为盈利状态，年度业绩预告显示獐子岛 2017 年预计盈利约 9000 万元至 11000 万元，同比去年增长 13.07% ~ 38.20%。因此獐子岛当时所披露的信息极大程度地提升了投资者信心，股价形势也一片大好。吉融元通于 12 月 23 日以 8 元/股的价格顺利减持 199.85 万股，套现 1612.39 万元。在吉融元通成功套现之后一个多月，即 2018 年 1 月 30 日晚，獐子岛才以"存货异常"的理由将扇贝死亡予以公布。坏消息公布引发的股价下跌并没有对吉融元通的减持行为造成影响①。

## 五、案例比较与分析

以上 4 个案例是机构投资者积极主义的典型案例，如前文所述，根据机构投

---

① 张伟. 机构投资者参与公司治理及其效果研究——以獐子岛为例. 昆明：云南财经大学硕士学位论文，2022.

资者是否参与公司治理以及对公司治理的影响，可以将机构股东积极主义的案例分为四类，案例"ST德豪缩减小家电业务事件"属于第一种类型，即机构投资者参与公司治理，而且其治理行为达到了预期目标，取得完全成功。案例"贵州轮胎股利分配事件"属于第二种类型，即机构投资者参与公司治理，其治理行为取得部分成功，公司控股股东由于机构股东的影响力，向机构股东进行了一定程度上的妥协。中兴通讯发行H股事件是第三种类型的代表性案例，在此案例中，机构投资者参与公司治理，但其治理行为未取得成功。獐子岛"扇贝事件"属于第四种类型，在此案例中，机构投资者没有参与公司治理。下面对我国证券市场上机构投资者参与公司治理行为的效果、主动行使股东权利（即积极主义）的表现、目标公司股权结构、是否参与公司治理、行使股东权利的主体进行对比分析（如表4-4所示）。

表4-4　　　　　　　　我国在上市公司治理中行为的案例列表

| 事件 | ST德豪缩减小家电业务事件 | 贵州轮胎股利分配事件 | 中兴通讯发行H股事件 | 獐子岛"扇贝事件" |
|---|---|---|---|---|
| 积极主义的表现 | 作为董事会成员，对损害中小股东利益的议案投反对票 | 反对公司董事会提出的股利政策分配预案，并提出临时提案 | 基金公司集体发表反对意见，沟通无效后"用脚投票" | 无，主要为"用脚投票" |
| 积极主义主体 | 信托公司 | 证券投资基金 | 证券投资基金 | 证券投资基金 |
| 目标公司股权结构 | 相对控股大股东，华鑫信托为第一大股东 | 相对控股大股东，天弘基金为第三大股东 | 国有股一股独大 | 国有股一股独大 |
| 参与公司治理动机 | 有 | 有 | 有 | 无 |
| 公司治理中行为的效果 | 行动取得成功，反映中小股东集体意志 | 行动取得部分成功，管理层修改股利分配预案 | 行动失败未能阻止H股发行 | 未对公司信息披露方面进行监督或者利用其他方式发声 |

从参与公司治理的动机来看，除了獐子岛"扇贝事件"，其他案例中机构投资者基本是以股东价值最大化为目标，监督公司管理的行为，因此机构投资者愿意参与公司治理，并且机构投资者与公司之间的利益冲突以及目标公司的股权结构会影响其参与公司治理的动机。比如，ST 德豪缩减小家电业务事件中，华鑫信托的代表作为公司董事会成员投票反对损害广大中小股东利益的议案。在贵州轮胎股利分配事件中，天弘基金认为公司董事会提出的股利政策分配预案不合理，并递交了临时提案。如果控股股东及公司董事会坚持以特别审议的方式通过上述提案，他们可能联合其他机构投资者以及中小股东等，对所有其他议案都投反对票。在獐子岛"扇贝事件"中，前四大股东都存在着相当大的利益关联和网络关系，其总体的持股比例更是达到了 65.31%，他们掌握着上市公司的绝对控制权，这导致吉融元通很难与之形成制衡。因此，吉融元通采取投弃权票甚至反对票来阻止董事会的不合理决策的行为很难取得良好效果，这使得他们不愿意参与到公司治理中。

从目标公司的股权结构来看，ST 德豪缩减小家电业务事件中，目标公司股权结构具有相对控股大股东，适度集中的特征，这都使得机构投资者在公司具有一定话语权，具有参与治理的能力。ST 德豪缩减小家电业务事件中，华鑫信托作为机构投资者以 20.31% 的股份成为 ST 德豪的第一大股东，证券投资基金具备参与治理的能力。而獐子岛"扇贝事件"和中兴通讯发行 H 股事件中，股权高度集中，国有股或者法人股都占据绝对控股地位，使得机构投资者不具有参与治理的能力。

从机构投资者在公司治理中行为的效果来看，ST 德豪缩减小家电业务事件取得了完全的成功。贵州轮胎股利分配事件取得了部分成功，中兴通讯发行 H 股事件中机构投资者没有成功，而在獐子岛"扇贝事件"中，机构投资者没有产生任何公司治理的作用。在取得成功的三个案例中，机构投资者都具有参与公司治理的动机，且目标公司股权适度集中，拥有相对控股大股东，使得机构投资者具有参与公司治理的能力。因此，我们认为，由于机构投资者愿意参与到公司治理中，并且具有参与公司治理的能力，从而有效监督公司，进而能够成功地对公司治理产生正面影响。在中兴通讯发行 H 股事件中，机构投资者具有参与公司治理的动机，但是国有股或者法人股都占据绝对控股地位，使得机构投资者不具有参与治理的能力。我们认为,虽然机构投资者具有参与公司治理的动机,但是由于机构投资者不具有参与治理的能力,因此不能对公司产生正面影响。在獐子岛"扇贝事件"中,目标公司股权高度集中,国有股或者法人股都占据绝对控股地位,使得机构投资者不具有参与治理的动机,所以没有对公司治理产生影响。

从积极主义主体来看主要是证券投资基金,只有一个案例为信托公司,但这个信托公司与目标公司没有利益冲突,该信托公司积极行使股东权利,并以股权价值最大化为目标。这一点与理论是相符合的,证券投资基金为压力不敏感型机构投资者,具有参与公司治理的动机。虽然大多数信托公司为压力敏感型机构投资者,不具有参与公司治理的动机,但是本节案例中的这个信托公司不存在利益冲突,不属于压力敏感型机构投资者,因此具有参与公司治理的动机。

通过以上分析,我们可以得出以下几点结论:

(1)总体而言,证券投资基金在一些涉及企业经营和投融资决策的关键问题上逐渐取得了话语权,并发挥了一定的正向作用,但是作用还是有限,影响力还不大。而且在公司治理问题中,以证券投资基金为代表的机构投资者具有良好的组织性、判断力和研究水平。

(2)机构投资者参与公司治理的动机与能力是影响机构投资者发挥公司治理作用的重要因素。参与公司治理的动机主要指以股东价值最大化为目标,监督公司行为的意愿。参与公司治理的能力主要指有效监督公司,改变那些不以股东价值最大化为目标的治理结构的能力。

(3)目标公司的股权结构会影响到机构投资者参与公司治理的能力。一般来说,股权适度集中,拥有相对控股股东的公司股权结构有利于机构投资者发挥公司治理作用,而股权高度集中的股权结构不利于机构投资者发挥公司治理作用。

(4)机构投资者与公司的利益冲突会影响机构投资者参与公司治理的动机。如果机构投资者与公司存在着商业联系,它们不愿意参与公司治理,监督公司行为。反之,则愿意参与公司治理。值得注意的是,ST 德豪缩减小家电业务事件属于一个比较特殊的案例,信托公司与目标公司不存在着商业联系,因此愿意参与公司治理,这与理论相吻合。但是现实中信托基金一般与公司有商业联系,我们认为,这是属于现实中的个例。总体来看,证券投资基金与公司不具有商业联系,因而具有参与公司治理动机;信托公司与公司具有商业联系,因而不具有参与公司治理的动机。

# 第四节　阻碍我国机构投资者发挥公司治理作用的因素

从我国目前实践来看，机构投资者在一定程度上参与了公司治理并且发挥了一定的公司治理作用，但是影响力有限，其发挥公司治理作用主要受机构投资者参与治理的动机与能力的影响，而影响我国机构投资者发挥公司治理作用的因素来自机构投资者自身、上市公司以及外界环境这三方面，因此，本书将从机构投资者参与公司治理的动机与能力两个维度分析机构投资者自身、上市公司以及外界环境这三方面阻碍我国机构投资者发挥公司治理作用的因素。

## 一、机构投资者

### （一）机构投资者的内部治理问题

机构投资者的治理是指协调机构投资者相关利益方之间经济关系的一套制度安排。机构投资者的治理结构主要包括：控制权的分配与行使、对相关利益方的监督与评价、激励机制的设计与实施这相互关联的三个方面。机构投资者的委托人和代理人目标偏好并不完全一致，机构投资者是否对公司治理施加影响，取决于这种影响给它们带来收益的程度以及它们将这种做法看作它们的本职责任的程度。证券投资基金是我国证券市场上最重要的机构投资者，其存在的治理问题会影响其参与公司治理。我们就以证券投资基金为例，主要从监督机制、激励机制对机构投资者发挥公司治理作用的影响进行分析。

1. 监督机制

（1）基金持有人利益缺位。基金管理公司在掌握了基金资产的实际使用权后，可能通过一些不正当或不合理的关联交易、市场操纵等利益输送行为获得自身利益，损害持有人利益。因为基金具有明显的委托-代理关系，然而无论是在基金的发起还是在运作中，基金资产的所有者都是缺位的。另外，基金管理公司和基金持有人之间存在着严重的信息不对称，这也会导致基金管理人的道德风险。

（2）基金托管人缺乏独立性。从根本制度安排的缺陷来看，我国托管人的监管动能不足、监管地位不明。由于我国基金的发起人和管理人往往是同一方，基金管理人经常代行基金所有权，致使托管人迫于自身业务拓展的利益驱动，而可能在一定程度上放松其监督权，导致二者制约关系的相对弱化。基金托管人根本无法对基金管理公司进行有效监管。

监督机制的完善程度，可以增加基金管理公司违规操作的惩罚成本，可能会影响机构投资者行使股东权利的收益-成本分析，使得机构投资者获利减少，如前文所述，机构投资者作为决策人，具有收益偏好的特征，从而使其只能根据受益人的利益行事，进而使机构投资者代理人与委托人的目标趋于一致，这样机构投资者参与公司治理的动机就会增强，进而发挥公司治理的作用。

2. 激励机制

公司治理的原则之一就是建立合理有效的激励机制。激励主要是指对基金管理者的激励。这种激励主要来自基金管理者的报酬和业绩评价。基金管理者的报酬是直接的收益，而业绩评价则可以形成良好的声誉，以期得到未来更大的报酬。

（1）基金管理者的报酬。目前，我国基金管理公司不参与基金利润的分配，只是每年按基金净值的固定比例收取一定的管理费，极少有采取业绩报酬。对基金管理者的激励不当，使其投资行为与其切身利益没有直接联系，更没有对基金管理者形成长期的激励，所以出现了基金管理者为谋求自身和关联单位的利益，通过关联交易和操纵市场等手段增加自身利益而损害投资者利益的行为。

（2）业绩评价。我国对机构投资者管理者缺乏完善的评价体系。尽管我国基金业发展历史尚短，但规模扩张却很快，成长型、平衡型、价值型、债券基金接踵而来，基金投资风格呈现多样化，管理水平开始出现明显差异。然而现存的基金评价往往偏重于基金资产净值的增长而忽视对基金公司结构治理、内部控制机制的完善和市场风险的防范等综合指标的全面评估。激励机制的设计将影响机构投资者参与公司治理的收益，从而影响其参与公司治理的动机，进而影响其发挥公司治理作用，主要出于以下两个原因：

第一，由于评价机制的不完善，投资者对基金的判断似乎仅停留在投资回报方面，对投资基金的风险关注不足，机构投资者的行为也必然向短期投机转化。在合理的业绩评价体系下，致力于公司治理，努力提高公司的长期价值的机构投资者将获得声誉的提高，从而获得自身利益，使自己的收益-成本分析的结构也发生变化，由于机构投资者作为决策人，具有收益偏好的特征，因此完善的评价机制使得机构投资者具有参与公司治理的动机，进而发挥公司治理作用。

第二，报酬提取方式的不合理，使得机构投资者无法从所投资公司的业绩增长中获利。委托人可以享有收益的绝大部分，而一般无须承担额外的监督成本。而代理人只享有管理费收入增长的部分，但需要承担全部的监督成本，进而影响到机构投资者代理人的收益-成本分析，由于机构投资者具有收益偏好的特征，因此，机构投资者不愿意参与到公司治理当中，发挥公司治理作用。

（二）机构投资者的代理问题

机构投资者的代理问题会影响机构投资者参与公司治理的动机，进而影响机构投资者发挥公司治理作用。机构投资者也是一种企业制度形态，由于我国的机构投资者大多具有国有产权性质，同样具有国有控股上市公司普遍存在的委托人缺位、"内部人控制"和法人治理机制不健全等问题，其经营者在行使上市公司股东权时，就可能会多从本身利益而不是终极股东的利益考虑，实现了约定的最低投资收入后，它们也许就不再追求终极受益人所得利润的最大化，而转向追求自身满足程度的最大化。这样，它们在行使股东权时，就可能会多从本身的利益考虑，与被监督的经营者保持一种暧昧的合作关系而怠于行使监督权。

（三）机构投资者的监督能力

机构投资者的监督能力会影响其发挥公司治理作用。我国机构投资者参与公司治理的能力相对有限，在现有的机构投资者中，大多只有有价证券管理人员，而精通公司治理的管理专家则较少甚至没有，此外，我国机构投资者还缺乏参与公司治理的经验，这都使得它们不具有有效监督公司治理的能力，进而影响它们发挥公司治理的作用。

### （四）机构投资者的利益冲突

机构投资者的利益冲突会影响其参与治理的动机，进而影响其发挥公司治理作用。由于监督而失去的其他商业利益被称为"私人成本"。当机构投资者或其关联方与公司存在商业利益冲突时，由于机构投资者作为决策人具有收益偏好特征，因此，机构投资者会衡量参与公司治理的收益与私人成本。当参与公司治理收益超过私人成本时，机构投资者就会放弃其他商业利益而选择监督。反之，则不选择监督。不同类型的机构投资者在利益冲突方面的状况是有差异的。作为基金管理人的基金管理公司，尽管它是按照公司法设立的独立法人，按照公司治理的要求在监管，但中国基金管理公司的股东大多数是证券公司，近年来越来越多的是银行、保险公司、上市公司。中国证券投资基金、券商之间千丝万缕的利益相关关系，再加上它们治理和监管制度的先天缺陷以及后天监管的缺失，使得它们无法摆脱利益冲突的阴影。

### （五）机构投资者的规模

机构投资的总体实力还有待增强，这主要从机构投资者参与公司治理的动机与能力去影响其发挥治理作用。第一，机构投资者的持股比例会影响到机构投资者参与公司治理的动机，进而影响其发挥公司治理作用。如果机构投资者持股比例较高，则具有参与治理的动机，进而发挥公司治理作用；反之，则不具有参与治理动机，不能发挥公司治理的作用。虽然我国机构投资者发展迅速，在一些上市公司或行业的流通股中占据了相当大的比例，但我国机构投资者的整体持股比例仍然较低，特别是相对全体股份而言，机构投资者的规模和机构投资者的持股规模相对较小。我国的证券投资基金和证券公司的个体规模较小，难以形成规模效应。证券公司的情况也是如此。我国机构投资者的持股规模较小，较为缺乏参与公司治理的动机，无法发挥出公司治理作用。第二，机构投资者持股比例也会影响到机构投资者参与公司治理的能力。由于机构投资者持股比例小，基金在绝大多数上市公司中的持股比例不具有控制力，在上市公司治理方面相应也就缺乏话语权，不能有效监督公司，进而影响其发挥公司治理作用。

### （六）机构投资者的种类

不同类型的机构投资者在资金来源、资产性质、投资期限、行为方式、目标偏好、持股周期等诸多方面存在差异，因而对证券市场的稳定作用大不相同，不同性质的机构投资者之间的相互竞争、相互依赖和彼此制衡势必产生市场互补和功能整合作用，进而从整体上促进证券市场效率的不断提高，从而有助于机构投资者发挥公司治理作用。

目前我国机构投资者的主体主要包括证券投资基金、全国社保基金、QFII、券商、保险公司、企业年金，它们的投资额占市场总额的比例分别为 25.7%、0.8%、1.7%、1.4%、2.5%、0.01%①，证券投资基金规模远远高于其他机构投资者，机构投资者发展很不平衡，不利于形成不同类型机构投资者之间的相互竞争、依赖与彼此制衡。

作为最大的机构投资者，证券投资基金同样存在着经营模式单一，产品不够丰富问题。基金市场以零售客户市场为主，机构客户市场发展滞后，大多数基金只能从事公募基金管理，只有少数理财公司参与机构理财市场。基金产品以股票基金、混合基金等高风险品种为主，债券基金和货币市场基金等低风险品种所占比例较小，产品结构不均衡，品种尚不丰富②。这种情况不利于不同类型的证券投资基金之间的相互竞争、依赖与彼此制衡。

## 二、上市公司

### （一）公司治理结构

公司治理结构会影响机构投资者参与公司治理的成本，影响机构投资者参与公司治理的动机，进而影响其发挥公司治理作用。公司治理结构越好，机构投资者参与治理的成本越小，其参与公司治理的积极性越高，越能发挥公司治理作用。反之，则不能发挥出其公司治理作用。国有企业转制上市以后，由于大部分

---

① 中国证监会. 中国资本市场发展报告. 北京：中国金融出版社，2008：118.
② 中国证监会. 中国资本市场发展报告. 北京：中国金融出版社，2008：116.

上市公司国有股权处于绝对控股地位，而这些企业大多处于"产权虚置"和"所有者缺位"状态，内部人控制是一个相当普遍和严重的现象。青木昌彦指出："内部人控制看来是转轨经济中所固有的一种潜在可能的现象，是从计划经济的遗产中演化而来的一种内生的趋势。"转轨国家的内部人控制一般是由于国有股权虚置，国有资产管理功能未到位，导致公司的大股东出现失控，甚至国有股权的代理人与公司的内部控制人"串谋"，共同危害"终极所有人"的利益和中小股东的利益。

从制度上看，由于国家干预下的"内部人控制"问题，中国上市公司治理结构存在致命的缺陷，并且给新兴的股票市场带来了一系列的公司治理问题：总经理和董事长主要由上级部门直接任命。中国的公司治理结构既没有把重点放在保护股东的利益上，也缺乏良好的体制基础。

因此，在这种情况下，在控股股东在上市公司的公司治理中占有绝对优势的情况下，规范控股股东行为成为建立有效的公司治理的一个关键，但也给机构投资者参与公司治理带来了一定困难，从而增加机构投资者参与公司治理的成本，成本的增加意味着机构投资者参与治理的收益减少，机构投资者具有收益偏好的特征，会影响机构投资者参与公司治理的动机，进而影响其发挥公司治理作用。

（二）上市公司股权结构

上市公司股权结构是影响机构投资者参与公司治理动机与能力的主要因素，进而影响机构投资者发挥公司治理作用。

截至 2008 年 12 月 31 日，我国上市公司中流通股占总股份数的比例上升为 49.52%。但是非流通股的比例还是较大，占 50.48%，且国有股一股独大，占了总股份数的 45.29%。由此可见，我国目前的股权结构还是具有国有股占主导地位的特征，这是由于路径依赖所产生的结果。同样在路径依赖的影响下，股权分置改革后一段时间内，目前这种股权结构还将产生一定影响。

在这样的股权结构下，机构投资者难以取得上市公司的相对控股权。虽然有时可以通过协议方式取得上市公司的国有股和法人股，但是由于受强制要约制度和流通股数量有限的限制，机构投资者也很难在市场上达到相对控股的目的，从而影响机构投资者参与公司治理的能力，进而阻碍其发挥公司治理作用。

（三）信息披露问题

机构投资者了解上市公司的状况主要依据是上市公司披露的信息，所以在资本市场上，上市公司进行真实、全面、及时、充分的信息披露至关重要。只有这样，才能使投资者在公开、公平、公正的市场中进行投资。上市公司的信息披露状况，会影响机构投资者参与治理的能力，即监督公司治理的能力，良好的信息披露状况使得机构投资者有效监督公司，发挥公司治理作用；反之，则会阻碍机构投资者发挥公司治理作用。

我国上市公司在信息披露方面主要存在几个问题：第一，信息披露不真实、不准确。证券法对信息披露的要求是真实准确，但公司经营管理者出于某种目的，不愿意或歪曲地披露真实准确的信息。例如在信息披露文件中夸大自己的资产规模、盈利能力和经济实力；提供带有明显误导性的财务报告；故意运用似是而非、模棱两可、措辞含糊的语言。第二，信息披露不完整、不充分。信息披露的完整和充分是以披露信息的重要性为界定标准的。证券法实施细则中对"重大事件"做的定义是"重大事件是可能对公司股票价格产生重大影响的事件"，以上定义没有明确表示什么程度的影响才是重大影响，其不确定性使得对重要性的判断非常困难，而且其规定的可操作性也令人担忧。实际操作中，上市公司对应披露的信息采取避重就轻的手法，故意夸大部分事实、隐瞒部分事实，误导投资者。一些重大的违法、违规事件在被查处之前有关公司根本没有通过任何方式予以披露。这些信息披露行为都会给投资者造成错觉，有很强的误导性和欺骗性。第三，信息披露的不对称。不同投资者群体在市场获得信息在时间上存在很大的差异，不同投资者由于处于不同地位所获得信息的成本和在同一时点上获得信息的数量也不同，致使部分投资者不能在作出投资决策前对各种因素进行充分权衡。正是由于信息披露的不对称，在证券市场上的某些参与者拥有比其他参与者更多的信息，其收集、分析和处理信息的能力也较强，因此具有明显的市场优势，形成有利的市场地位，表现出大户操纵市场的现象。第四，信息披露不及时。《股票发行与交易管理暂行条例》规定，发生可能对上市公司股票市场价格产生较大影响而投资人尚未得知的重大事件时，上市公司应当立即将有关重大事件的报告提交证券交易所和证监会，并向社会公布，说明事件的实质。但是，我国上市公司信息披露不及时的现象时有发生。

## 三、外界环境

现行法规对机构投资者的约束会影响其规模，从而影响其参与公司治理的动机与能力，进而影响其发挥公司治理作用。

### （一）对机构投资者准入资格的限制

我国对机构投资者实行严格的准入限制和审批制度。设立新的机构投资者必须达到一定标准并报管理层批准。虽然实行严格的审批是出于监管和防范市场风险，构建稳定、健康的机构投资者体系的需要，但是过于苛刻的设立限制，特别是许多不合理的条款，如对基金发起人身份和资格的要求阻碍了我国机构投资者的发展，使市场中存在的竞争机制不足，机构投资者的后续质量得不到保障，这同时还导致了"私募基金"的出现和蔓延。这种非法投资基金很难对其进行监督和控制，不利于管理层对证券市场的监管。除对机构投资者本身的直接限制外，这种准入限制还表现在对机构投资者的主要运营管理机构——基金管理公司的设立实行极为严格的行政性准入限制和审批。由于我国大多数类型的机构投资者到证券市场投资基本上是由专业化的基金管理公司管理运营，因此对基金管理公司的限制实际上是间接对机构投资者的限制。

### （二）对机构投资者持股比例的限制

我国的相关法规对机构投资者投入市场的资金比例和持股比例也有严格的限制，如社保基金投资于基金、股票的比例不得超过40%；企业年金基金投资股票的比例不高于基金净资产的20%；证券投资基金持有一家上市公司的股票，不得超过该基金资产净值的10%，同一基金管理人管理的全部基金持有一家公司发行的证券，不得超过该证券的10%；证券公司在自营业务中买卖一家上市公司股票不得超过该股票流通量的10%等。而我国国有大股东持有的股份比例往往达到了公司股份数的30%~70%，因此对上述机构投资者持股比例的限制使机构投资者无法在持股量上形成优势，在上市公司治理方面影响其话语权，从而影响其参与公司治理的能力，此外，也使机构投资者难以达到参与公司治理的规模经济效应，影响机构投资者参与治理的动机，进而影响机构投资者发挥公司治理作用。

# 第五章 我国机构投资者持股对公司
绩效影响的实证研究

## 第一节 机构投资者持股对公司绩效影响的检验方法

### 一、机构投资者持股比例与公司绩效的关系分析

为了研究机构股东对目标公司绩效产生的影响，学者们采用公司价值、托宾 $Q$ 值以及公司收益作为衡量公司绩效的指标，检验了机构投资者持股对公司绩效的影响。

McConnell 和 Servaes（1990）研究了机构投资者持股与公司绩效的关系，他以 1976 年的 1173 家公司和 1986 年的 1093 家公司作为样本，使用托宾 $Q$ 作为衡量公司绩效的指标，把托宾 $Q$ 对机构投资者持有的股份做回归，发现机构投资者持有的股份的回归系数显著为正，公司绩效和机构投资者所持的股份存在显著的正向关系，说明机构投资者持股有助于提高上市公司绩效。[①]

Agrawal 和 Knoeber（1996）研究了机构投资者持股与公司绩效的关系，以 1987 年的福布斯杂志选出的 500 家美国最大的公司作为样本，使用托宾 $Q$ 作为衡量公司业绩的指标，使用普通最小二乘法（Ordinary Least Square）把托宾 $Q$ 对外部人董事的席位做回归，发现外部人董事的席位的回归系数显著为负，公司绩效和外部人董事的席位存在显著的正向关系。[②]

---

[①] McConnell, J. J. , and Servaes H. Additional evidence on equity ownership and corporate value. Journal of Financial Economics, 1990, 27（2）: 595-612.

[②] Agrawal, A. , and Knoeber, C. Firm performance and mechanisms to control agency problems between managers and shareholders. The Journal of Financial and Quantitative Analysis, 1996, 31（3）: 377-397.

Gillan 和 Starks（2000）研究了机构投资者持股与公司绩效的关系，他们以1987 至 1994 年间的 452 家公司作为样本，使用公司价值作为衡量公司绩效的指标，以公司价值对机构投资者持股比例做回归，经验结果表明机构投资者持股与公司绩效无关。①

Yuan 等（2007）研究了共同基金持股与公司绩效的关系。他们使用 2001 年至 2005 年间在深交所和上交所上市的非金融机构类中国上市公司作为样本，使用 Tobin's Q 和会计收益作为衡量公司绩效的指标，把衡量机构投资者持有的股份的指标对衡量公司绩效的指标分别做回归分析，经验结果表明四个回归系数都显著为正，这说明共同基金持股对公司绩效有正向影响。②

Woidtke（2002）研究了公共养老金持股与公司绩效的关系，以 1989 年、1991 年和 1993 年间的《财富》500 强公司为样本，以行业调整的 Q 值作为衡量公司业绩的指标，使用把行业调整的 Q 值和养老金持股比例作为内生变量的面板数据的联立方程模型，采用两阶段最小二乘法估计出公共养老金持股比例回归系数显著为负，公共养老基金持股比例与公司绩效负相关，说明公共养老金对公司绩效有负向影响。③

## 二、机构投资者持股对公司价值的影响

为了研究机构股东对目标公司绩效产生的影响，学者们检验了机构股东介入公司治理后公司短期和长期价值的变化，主要通过异常股票收益来衡量公司价值的变化情况。

### （一）机构股东对公司短期价值的影响

学者们分别检验了机构投资者以股东提案以及私下协商解决这两种形式介入

---

①　Gillan, S. L., and Starks, L. T. Corporate governance proposals and shareholder activism: the role of institutional investors. Journal of Financial Economics, 2000, 57（2）: 275-305.

②　Yuan et al. Mutual funds' ownership and firm performance: evidence from China. Journal of Banking and Finance, 2007, 32（8）: 1552-1565.

③　Woidtke, T. Agents watching agents?: evidence from pension fund ownership and firm value. Journal of Financial Economics, 2002, 63（1）: 99-131.

公司治理的公告消息发布日前后公司股票短期收益变化情况来分析机构股东对公司短期价值的影响。

1. 股东提案消息对公司短期价值的影响

Prevost 和 Rao（2000）检验了养老金在股东提案资料邮递日前后 2 天内公司价值变化情况，结果发现平均反常股票收益显著为负。① Gillan 和 Starks（2000）发现股东提案资料邮递日前后 31 天内平均反常收益为负，但并不显著。② Guercio 和 Hawkins（1999）发现股东提案资料邮递日以及股东大会前后 2 天内平均反常收益分别为零和为正，但是结果并不显著。③

2. 协商解决消息对公司短期价值的影响

Wahal（1996）研究了 34 个养老金宣布与目标公司协商的案例，结果显示在养老金与公司协商的消息发布的前后 7 天平均股票收益显著增加，上涨了 1.86%。④ Strickland，Wiles 和 Zenner（1996）检验了公司与联合股东协会协商解决的 34 个公告在发布 2 天前后的平均股票收益，发现股票收益显著为负，上涨了 0.92%。⑤ Carleton，Nelsom 和 Weisbach（1998）检验了 23 家与 TIAA-CREF 私下协商的公司的股票收益，发现平均股票收益为上涨了 0.72%，但并不显著。Woods（1996）考察与 7 个主要积极养老金私下协商的 26 家公司的股票收益情况，发现平均股票收益为上涨了 0.70%，但并不显著。

（二）机构股东对公司长期价值的影响

Nesbitt（1994）研究了加利福尼亚州公务员退休基金（CalPERS）对目标公司业绩的影响。他以 1987 年至 1992 年的 42 家目标公司为样本，使用公司股价

---

① Prevost, A. K., and Rao, R. P. Of what value are shareholder proposals sponsored by publicpension funds? The Journal of Business, 2000, 73 (3): 177-204.

② Gillan, S. L., and Starks, L. T. Corporate governance proposals and shareholder activism: the role of institutional investors. Journal of Financial Economics, 2000, 57 (2): 275-305.

③ Guercio, D. D., and Hawkins, J. The motivation and impact of pension fund activism. Journal of Financial Economics, 1999, 52 (1): 293-340.

④ Wahal, S. Pension fund activism and firm performance. Journal of Financial and Quantitative Analysis, 1996, 31 (3): 1-23.

⑤ Strickland, D., Wiles, K. W., and Zenner, M. A requiem for the USA: is small shareholder monitoring effective? Journal of Financial Economics, 1996, 40 (3): 319-338.

收益作为衡量公司业绩的指标，并描绘出 CalPERS 介入公司治理以后的各年的股价收益，通过观察股价收益的走势得出结论，认为在 CalPERS 参与公司治理以后改善了公司长期股价绩效。[1] Prevost 和 Rao（2000）考察了 1988 年至 1994 年投资者责任研究中心 73 家主要公司。他们发现，只一次成为提案目标的公司与通过磋商成功撤回提案的公司一样，股票的长期累计异常收益上涨了 4.50%，但结果并不显著。[2]

## 三、机构投资者持股对公司收益的影响

学者们还通过检验机构股东介入公司治理后公司收益的变化研究了机构股东对目标公司绩效产生的影响，主要从资产收益（return on assets）、股票收益（return on equity）以及销售收入（return on sales）三个角度来衡量公司收益。Opler 和 Sokobin（1995）发现被选作机构投资者委员会的目标公司的两年内，公司的资产收益有了大幅增加，增加的幅度与对照组公司相比较为显著。Del Guercio 和 Hawkins（1999）检验了在公司收到股东提案的前后一年内资产收益和销售收入的变化情况。他们发现这些公司的资产收益和销售收入变化程度与对照组公司的差距并不显著。Prevost 和 Rao（2000）发现在成为养老金的目标公司以后，与同样行业和规模的对照组的公司相比，目标公司的平均资产收益和销售收益有了显著减少。

## 四、其他检验机构投资者持股对公司绩效影响的方法

学者们还用其他方法检验了机构投资者持股对目标公司绩效的影响，主要有以下两种：

第一种：衡量机构投资者对股票收益的价值效应的其他方法

如前文论述的，关于机构投资者对公司短期价值、长期价值的研究中，学者们都是以机构投资者介入公司治理的公告消息发布日目标公司股票的异常收益情

---

[1]　Nesbitt, S. L. Long-term rewards from shareholder activism: a study of the "CalPERS" effect. Journal of Applied Corporate Finance, 1994, 6（1）: 75-80.

[2]　Prevost, An. K., and Rao, R. P. Of what value are shareholder proposals sponsored by public pension funds? The Journal of Business, 2000, 73（3）: 177-204.

况来判断机构股东对公司价值的影响。但是由于实际上很难去确定机构股东介入公司的消息为公众知晓的具体日期，使用公告消息发布日来检验价值效应并不准确。

为了解决这一问题，Wagster 和 Provost（1996）以 1991 至 1992 年间美国证券交易委员会关于修改代理法的公告发布日为基准，分别检验了 6 个公告发布日前后 CalPERS 参与治理的 28 个目标公司的股票反常收益情况，来确定机构股东积极主义的价值效应。Wagster 和 Provost 发现，在这 6 个公告中的 4 个公告发布前后 CalPERS 介入的 28 个目标公司的股票反常收益几乎为零，在另外 2 个公告发布前后 28 个目标公司的平均股票反常收益为负，且在 10% 的水平下显著。[1]

第二种：提案的数目与目标公司绩效相关性研究

Daili，Johnson，Ellstrand 和 Dalton（1996）以 1990 至 1993 年间《财富》500 强公司为样本，使用股票收益、投资收益以及 Jensen 阿尔法值（Jensen's alpha）衡量公司绩效，使用面板数据模型估计了提案数目与目标公司绩效的关系，他们发现投资收益以及 Jensen 阿尔法值与公司前一年收到的股东提案负相关，表明股东提案损害了公司绩效，机构股东损害了目标公司绩效。[2]

## 第二节 公司绩效的度量方法

### 一、公司绩效的常用度量方法

从股东的角度衡量，公司有三种不同的绩效：一是公司产品的绩效，体现于公司的营业额和净利润上；二是公司的资产绩效，主要是公司净资产；三是公司的绩效，实质是公司产权的绩效。评估者从不同的绩效衡量角度出发可以建立各种评估模型加以预测。现代公司绩效评估中，对正常经营的上市公司采用的评估方法主要包括：公司盈利能力会计指标法、上市公司市盈率法、折现现金流量

---

[1] Wagster, J. D., and Prevost, A. Wealth effects of the CalPERS "hit list" to SEC changes in the proxy rules. Wayne State University Working Paper, 1996.

[2] Daily, C. M., Johnson, J. L., Ellstrand, A. E., and Dalton, D. R. Institutional investoractivism: follow the leaders? Purdue and Indiana University Working Paper, 1996.

法、经济增加值法、Tobin's $Q$。其中公司盈利能力会计指标法、上市公司市盈率法、Tobin's $Q$ 是以公司净资产为基础的静态评估方法，折现现金流量法和经济增加值法是以公司持续经营为基础对现在和未来盈利能力进行评估的方法。就当前的评估技术而言，无论采取哪一种方式进行公司绩效评估都会受到各种不确定性因素的影响而产生评估误差。因而我们在对一个特定公司进行绩效评估时只能说一种评估方法比另一种评估方法更为有效，对于另一个问题则可能相反。理论上，折现现金流量法和经济增加值法是考虑股东利润最大化的公司绩效评估的较优模型，但由于估值方法中需要对未来的现金流或者收益进行预测。同时采用的折现率或资本成本也存在着一定的误差，导致对同一公司的评估方法除了方法本身的误差，还存在由于评估者主观不确定性造成的误差。关于公司绩效的影响因素或决定因素的早期实证研究一般采用公司的盈利能力和上市公司的股票收益来度量。

（一）公司盈利能力会计指标法

Weston 和 Mansinghka（1971）很早便利用税后利息和优先股股息前盈利与总资产的比例等指标来度量公司的经营绩效。此后，有大批的实证研究采用会计指标度量公司绩效，而且使用的具体指标并不完全相同。比如，Rumelt（1982）是用资产收益，即（$Y+I$）/$K$ 来度量公司的经营绩效，其中 $Y$ 表示公司税后、优先股股息前的净收益，$I$ 表示长期债务的利息支出，$K$ 表示所有者股权和长期债务的账面价值。然后，Rumelt 用资本收益减公司各类产品所属行业平均资本收益的加权平均数来度量多元化对公司绩效的影响。另外，还有许多研究采用类似的会计指标度量公司绩效。

另一种度量公司绩效的普遍做法是采用股票收益来度量。用股票收益来度量公司绩效一般都是采用事件分析法，即通过分析公司绩效的某种影响因素发生改变前后一定时期内累计的公司普通股股价的超额收益，来判断这种变化与公司绩效之间的关系。比如，Eomment 和 Jarrell（1995）采用的是公司多元化程度改变前 26 个月到改变后 6 个月之间的超额收益的变化来估计多元化对公司绩效的影响。Lang 和 Stulz（1994）认为采用这种股票收益的差别来度量公司经营绩效存在以下缺陷：首先，需要在分析中加入风险因素，否则股票表现好的公司可能只意味着投资这类公司的风险比较高，所以需要高的股票收益作为风险溢价来补偿股东。事实上，许多关于公司超额股票收益的实证研究确实利用资产定价模型来去除风险因素。但是，即使如此其结论仍然不够可信，因为余下的超额收益或许只是反映出其所采用的风险调整方法存在偏差。其次，用超额股票收益来考察经营绩效属于事后分析，可能产生事后偏差，期间的选择是研究公司绩效影响因素的变动对公司绩效的影响时一个需要考虑的问题。

用会计指标度量公司绩效的优点是数据比较容易获得，但是也有很多学者对于会计指标的有效性提出了质疑。用会计指标度量公司绩效的缺陷突出表现在它不能反映不同公司在系统性风险、税收待遇和会计操作上的不同。另外，它也不能区别长期绩效和短期绩效。

### （二）上市公司市盈率法

市盈率法是基于会计收益的公司绩效评估方法。具体做法是用公司的会计收益乘以一个固定的倍数，即市盈率。该方法赖以成立的假设是，公司的市盈率是固定不变的数值，它确定地反映出公司股权价格与会计收益之间的相关性。但它仍存在着问题，那就是会计收益很容易被管理人员操纵。如果以一定的市盈率作为定价基准，为了在管理层收购中以尽可能低的价格收购公司股权，管理人员有强烈的动机和倾向做低公司的账面收益额，这一缺陷与账面价值法类似。从静态的角度看，市盈率反映投资回收期。市盈率越低，投资回收期越短，风险越小，这是传统理论的观点。从动态的角度看，市盈率反映公司未来业绩的增长性和市场发展前景。公司的市场发展前景越被看好，市盈率则越高，定价也应越高。所以，不同风险、不同成长性的公司会使用不同的市盈率，较保守的做法是采用行业平均市盈率。

### （三）折现现金流量法

折现现金流量法是公司绩效评估中最基本的一种方法。它把预测的公司未来自由现金流量和公司期末绩效以一定的折现率折成现值后进行加总来估算公司绩效。公司绩效应基于未来收益而不是现有资产的收益，而折现金流量法反映的是公司未来的盈利能力和发展潜力，弥补了静态方法的缺陷。

使用该方法要重点考虑以下几个问题：现金流量的预测带有很强的主观性，未来现金流量的大小取决于收购方对未来宏观环境、公司产品市场空间、未来盈利能力、风险等因素的综合预算以及对自身经营能力、管理效率、工作经验的认同度。如果收购方看好公司的市场发展前景并有信心通过自身努力提高公司绩效，那么其所预测的未来现金流量则会越多，在一定的折现率前提下，其所判断的公司绩效会越高；否则，判断结果会截然不同。这就意味着折现现金流量法对股权定价仍存在很大的决策风险。

折现率一般为负债资金和权益资金的加权平均资金成本。其中，负债资金的成本有刚性的特点，必须在税前支付，表现为利息率；权益资金的成本则表现为收购方的预期收益率，因此是不确定的。根据资本资产定价模型，投资者的预期收益率应等于无风险报酬率加上风险报酬率。收购方预期未来的风险越大，其要求的投资收益率则越高。随着权益资金成本的提高，加权平均资金成本也将提高。因此，收购方对风险的态度和预期在很大程度上决定了折现率的大小。对于折现率，一般会采用敏感度分析法。敏感度分析是指计算结果对各种可变因素发生变化的敏感程度。敏感度低，说明计算结果受外界变化的影响小，可信度高；反之，则可信度低。

折现现金流量法主要适用于在一个历史很长的行业中发展相对平稳的公司。对于那些在竞争性行业中发展迅速的公司，由于它们的成长过程中充满了不确定性因素，现金流量的预测是非常困难的。

### （四）经济增加值法

经济增加值是公司的资本报酬与资本成本之间的差额。具体是指经过调整后的营业净利润减去该公司投入资本成本后的余额。应用经济增加值评估公司的绩效就是把预测的经济增加值按照一定的折现率折为现值再加上目前的账面净值。该方法的评估基础是建立在经济利润而非传统的会计利润之上的。该方法认为，成功的公司应该获得超过资本成本的报酬来增加股东价值。从以上可以看出，经济增加值法存在着一些与折现现金流量法相似的缺陷，即对未来经济增加值以及折现率的估计存在着很大的不确定性。

### （五）Tobin's $Q$

Wernerfelt 和 Montgomery（1988）最早采用 Tobin's $Q$ 来度量公司绩效，接下来，Lang 和 stulz（1994）也同样运用 Tobin's $Q$ 度量公司绩效。在市场完全有效前提下，公司的市场价值应该是未来现金流现值的无偏估计。在这个前提下，Lang 和 Stulz 认为他们用公司市场价值来度量公司绩效可以避免用超额股票收益度量所产生的事后度量偏差，同时在公司市场价值上再加上公司的重置价值 Tobin's $Q$，这样一来，也就回避了风险调整问题。

在 Tobin's $Q$ 的具体计算方法上，他们用普通股的市场价值加上债券和优先股的账面价值作为分子，用除了生产线、设备和存货之外的资产的账面价值加上生产线、设备和存货的重置价值作为分母。为了获得生产线、设备和存货的重置价值，他们专门构造了一个收购一览表。然后，他们运用所谓的"专营店法（chop-shop approach）"构造了一个经过行业调整后的 Tobin's $Q$（industry-adjusted $Q$）。它的具体计算方法为公司每个部门所属行业内所有单部门公司的 Tobin's $Q$ 的平均数的加权平均，权重为各部门的资产占公司总资产的比例。

从 Tobin's $Q$ 的具体计算方法可见，该方法的缺点是它仍然依赖于账面会计数据，因而仍然具有会计指标法的缺陷。而且，Tobin's $Q$ 法在我国的应用遭遇无法获得重置成本和因股权分割导致的难以准确计算股票价值的尴尬，实践中只能采用近似算法。

### 二、本研究中公司绩效衡量方法的选择

目前，基于账面价值与会计收益的会计指标法与市盈率法在我国运用得较为普遍，而在西方备受荣宠的折现现金流量法和经济增加值法在我国却遭受冷遇。其原因可归纳为一点：我国还处在一个新兴市场，还不具备运用理性绩效评估手段所需要的经济环境和人文条件。折现现金流量法和经济增加值法都是伴随着西方经济的发展而诞生的，是现代财务理论与金融理论共同衍生的产物。而在我国，由于市场的不成熟，对于折现现金流量法和经济增加值法这样理性的绩效评估工具，必然出现排斥反应，需要很长的一段时间才能磨合。折现现金流量法和经济增加值法与我国市场的不适应主要表现为公司绩效观存在着差异。不同绩效

评估方法都蕴涵着不同的公司绩效观。现代的公司绩效评估理念认为，公司的定价就像商品的定价一样，是由某一时点市场的供求关系决定的，而不是依赖于资产规模、历史成本等；公司绩效更主要取决于利用现有资产能为公司获得的未来收益水平；公司绩效大部分体现在其未来的获利能力上。因此，公司绩效应等于目前资产账面价值与其未来收益折现的总和。现金流入是公司进行收益分配以及再投资的资金来源，经营者与所有者应更重视公司的现金流量，而非利润；公司的各种资源是创造公司价值的源泉。因此，无论是实物资产还是人力资源、品牌、商誉、营销网络等无形资产都应作为公司绩效的一部分；公司绩效评估必须有可靠的数据作支持，公司的历史数据以及权威咨询机构所获得的市场调研数据都有助于提高公司绩效评估的准确性和合理性。正是这些现代价值理念的存在，使得折现现金流量法和经济增加值法这些理性绩效评估方法在成熟的市场中得以运用。在我国的新兴市场上，现代财务理念还没得到广泛认同，财务人员、管理者、经营者对利润、账面价值和实物资产的关注度远远高于对现金流量、内含价值和无形资产的关注度。在这种公司绩效观的指导下，侧重账面价值与会计收益的会计指标法与市盈率法更受青睐。此外，由于现代财务理念在我国还未得到普及，如果单方面采用折现现金流量法或经济增加值法，由于信息发出方与公司绩效观存在着差异，将导致信息反馈渠道受阻、不易沟通，公司绩效评估结果难以被大部分人所理解，理性的绩效评估方法也将不再有任何意义。折现现金流量法本身所存在的缺点，被我国市场的特殊性所放大。折现现金流量法估算值的准确性在很大程度上依赖于对未来现金流量的预测结果和对折现率的估计，因此折现现金流量法存在着很大的不确定性。在我国，由于监管力度不足、操作过程不规范，一些公司财务信息披露不完全甚至虚假，如果以这些无效数据作为未来现金流量预测的依据，其绩效评估的最终结果将更大地偏离实际值。目前，我国宏观经济处于持续增长阶段，受此影响，公司绩效的变化很大，其未来现金流量的变化也很大，难以准确预测，这增加了绩效评估过程的难度和不确定性。而会计指标法与市盈率法正好克服了折现现金流量法对输入参数过度依赖这一缺点，因而更适应我国现阶段的市场特点。

结合现阶段我国市场的特点和统计数据的可获得性，我们主要采用会计指标法和 Tobin's $Q$ 法来作为公司绩效的度量方法。使用这两个方法的优点在于：第一，同时选择两种方法可以通过实证结果的对比得到更稳健的结论。第二，计算简便，数据可获得性强。第三，这两种方法可以相互补充，从不同层面说明公司绩效。Tobin's $Q$ 主要从市场价值和重置成本的角度来衡量公司绩效，会计指标法强调净资产的盈利水平，主要基于账面价值与会计收益来计算。一方面，Tobin's $Q$ 是反映公司市场价值的绩效的变量，反映了以个人分散决策为基础的市场机制对公司绩效进行的判断，由于我国尚属新兴市场，还不够完善与健全，Tobin's $Q$ 容易受到因公司收购引起的股价波动的影响，会计指标法可以弥补 Tobin's $Q$ 这一缺陷；而且相对于 Tobin's $Q$ 来说，当机构投资者选择那些绩效较好的股票投资的时候，会计指标法较不容易出现内生性问题。另一方面，Tobin's $Q$ 能反映会计指标法无法量化的能够促进公司绩效提高的因素。Tobin's $Q$ 的计算公式中包含股票价格因素，在一个有效市场，股票价格能够反映公司的全面信息，包括历史信息、当前信息以及未来信息、宏观信息、行业信息等关联信息，也就是说，基于股票价格因素计算出的 Tobin's $Q$ 能够反映公司的历史绩效、当前绩效以及未来绩效。在对公司未来绩效的估计这点上，Tobin's $Q$ 具有会计指标法无法比拟的优越性。

## 第三节　研究方法与数据采集

### 一、假设与检验模型

根据机构投资者是否与投资组合的公司有商业联系，将机构投资者分为压力敏感型和不敏感型，由于机构投资者与公司的商业联系会阻碍它们发挥监督作用，因此压力敏感型机构投资者较不容易参与公司治理，而压力不敏感型机构投资者容易参与公司治理。

本书认为证券投资基金对公司绩效具有正效应，主要基于以下几点理由：第一，公司治理的核心主要是公司经理与股东之间的关系问题。在西方发达国家中，公司股权结构较为分散，小股东对监督公司经理缺乏足够的动力和能力，机构投资者具有参与公司治理的动力和能力。在中国，上市公司的股权结构是较为集中的，虽然 2005 年进行了股权分置，但是上市公司在短期之内还无法全部流通，公司相当数目的股权依然掌握在大股东手中，众多的流通股持有者成为小股东，而且我国上市公司治理机制不够完善，对投资者的保护机制还较弱，在这样的情况下，公司治理问题主要是大股东对小股东的剥夺。证券投资基金能够集中众多小股东持有的流通股份，增强小股东与大股东讨价还价的能力，并能够有效监督公司大股东及其代理者（即公司经理）的决策行为，从而解决代理问题，提高公司绩效。第二，根据机构投资者是否与投资组合的公司有商业联系分为压力敏感型和不敏感型，这种商业联系会阻碍机构投资者发挥监督作用。证券投资基金与他们投资组合中的公司没有商业联系，因此较敏感型金融机构而言，他们监督和控制公司的行为不易受到外界压力的影响，从而能有效监督公司治理，提高上市公司绩效。第三，根据《证券投资基金法》，证券投资基金必须每季度披露他们投资组合中公司的信息以及执行它们事先制定的投资风格和目标。可见，证券投资基金处于法律的严密监管以及投资者和公众的监督之下，它们必须以投资者利益最大化为目标行事，密切监督投资组合中的公司，以提高公司绩效。第四，证券投资基金经理的管理费是根据其管理规模和业绩来确定的，而且开放式基金投资者可以随时赎回他们的基金单位，这形成了一种对基金经理的制约机制，使得他们必须提高投资组合中公司的绩效。因此，证券投资基金有强烈的动机去监督他们投资组合中公司的管理并采取行动避免他们管理的资产蒙受损失。据此，提出假设1。

假设1：证券投资基金持股对公司绩效有正向影响。

根据机构投资者是否与投资组合的公司有商业联系分为压力敏感型和不敏感型，证券公司属于压力敏感型机构投资者，这是由于它们往往为上市公司提供财务咨询或承销股票服务，因此可能与目标公司存在紧密的商业联系，它们与公司潜在的利益冲突会阻碍它们监督公司。此外，我国许多证券公司治理还不够完善，存在着许多违法违规行为，这使得它们存在代理问题，并非以委托人利益最大化为目标，也会阻碍它们监督公司。从投资策略来看，我国证券公司投资行为主要以短期炒作为主，尚未完成由"做庄模式"到"价值投资"的转型，这也会阻碍它们监督公司，以获得长期投资。据此，提出假设2。

假设2：证券公司持股对公司绩效没有影响。

本书的待证假设1是检验公司绩效与证券投资基金比例与其他变量的关系，

但是现实中证券投资基金可能会选择那些绩效好的公司投资，那么证券投资基金持股比例与公司绩效的正向相关性可能并不是由于证券投资基金参与公司治理从而提高公司绩效引起的，在这样的情况下就很难去解释实证结果。为了解决这一内生性问题，我们主要从几个方面做了处理：第一，使用滞后一期的基金持股比例和控制变量对当期的公司绩效指标进行回归，这样保证样本公司中股权结构和治理结构的变化能够反映在未来的公司绩效上。第二，引入滞后一期的市场调节的年股票收益作为控制变量。在控制了这一变量以后，排除了证券投资基金只选择那些绩效较好公司投资的可能性，因此证券投资基金持股比例为正的回归系数只可能反映的是证券投资基金对公司绩效带来的正效应。第三，采用行业调整的公司绩效衡量指标，这样可以减小公司绩效和证券投资基金持股比例都受行业效应影响的可能性。第四，采用随公司个体变化的固定效应模型进行回归，以减小由一些无法察觉的、与证券投资基金持股比例与公司绩效都相关的因素引起内生性问题的可能性。另外本书还引入年份的虚拟变量，这是因为我国 2005 年开始实施的股权分置改革会引起上市公司股权结构的改变，从而影响公司绩效。据此，采用如下模型检验假设 1。

$$\text{Tobin's } Q_{it} = \alpha_0 + \alpha_1 \text{MF}_{it-1} + \alpha_2 \text{Year} + \alpha_c \text{ConVars}_{it-1} + \varepsilon_{it} \tag{1}$$

其中，Tobin's $Q$ 用来衡量公司绩效，其具体计算方法为：Tobin's $Q$ = 公司股票的市场价值 + 长期债的账面价值 + 短期债的账面价值／公司总资产的账面价值。鉴于公司可能存在不流通股的情况，为了避免过高估计不流通股的市场价值，本书采用总不流通股数乘以每股净资产的方法计算不流通股的市场价值，这是因为不流通股最终会按照每股净资产通过私下协商的方式转化为流通股。流通股的市场价值则采用年末股价乘以总流通股数来计算。由于各个行业的证券投资基金比例和公司绩效都不一样，必须控制行业效应的影响，我们采用行业调整的 Tobin's $Q$ 值衡量公司绩效，其计算方法为每个观测值的 Tobin's $Q$ 值分别减去它们当年所在行业的 Tobin's $Q$ 值的中位数，根据 2001 年证监会制定的行业分类标准中的行业代码计算各行业的 Tobin's $Q$ 值的中位数。MF 为证券投资基金持股比例，其具体计算方法为：MF = 证券投资基金持股数／总股数。系数 $\alpha_1$ 表示证券投资基金持股对公司绩效的影响，如果 $\alpha_1$ 显著为正，则表明证券投资基金对公司绩效有正向影响。Year 代表样本数据的所属年度，我们以 2005 年股权分置改革来划为样本期，如果观测值是 2005 年和 2006 年的数据，则 Year = 1，否则 Year = 0；系数 $\alpha_2$ 表示 2005 和 2006 年的公司绩效相对于 2004 年的变化，如果 $\alpha_2$ 显著为正，则表明 2005 年和 2006 年公司绩效显著高于 2004 年。$\alpha_0$ 为截距项，$\varepsilon_{it}$ 为残差项。

ConVars 表示控制变量，用来控制其他相关因素对公司绩效的影响。根据已有研究，控制变量主要包括国有股比例、法人股比例、外资股比例、股权集中度、财务杠杆、资产有形性、公司规模以及市场调整的股票收益。

（1）国有股比例。Dewenter 和 Malatesta 2001 年的研究认为，国有股会导致公司运营效率降低，从而降低公司绩效[1]。Xu 和 Wang 1999 年的研究都发现国有股持股比例与公司绩效之间存在显著的反相关关系[2]。

（2）法人股比例。Xu 和 Wang（1999）的研究、Qi 等（2000）的研究以及 Sun 和 Tong（2003）的研究都认为，公司法人会积极监督公司经理从而提高公司绩效[3]。

（3）外资股比例。对于外资持股对公司绩效的影响，已有研究尚未得到比较一致的结论。Qi 等的研究以及 Sun 和 Tong 的研究没有发现外资持股比例与公司绩效之间存在显著的相关关系；而 Wei 等（2005）则发现外资持股比例与 Tobin's $Q$ 值存在显著的正相关关系[4]。

（4）股权集中度。Shleifer 和 Vishny（1986）研究认为，大股东的存在会帮助解决小股东的搭便车问题，因此一定程度的股权集中度会提高公司绩效[5]。Xu 和 Wang 研究发现，股权集中度与公司绩效之间存在正相关关系。

---

[1] Dewenter, K., and Malatesta, P. H. State-owned and privacy owned firms: An empirical analysis of profitability, leverage and labor intensity. American Economic Review, 2001, 91 (5): 320-334.

[2] Xu, X., and Wang, Y. Ownership structure and corporate governance in Chinese stock companies. China Economic Review, 1999, 10 (3): 75-98.

[3] Qi, D., and Wu, W. Shareholding structure and corporate performance of partially privatized firms: evidence from listed Chinese companies. Pacific-Basin Finance Journal, 2000, 8 (5): 587-610.

[4] Wei, Z., and Zhang, S. Ownership structure and firm value in China's privatized firms: 1991-2001. Journal of Financial and Quantitative Analysis, 2005, 40 (4): 87-108.

[5] Shleifer, A., and Vishny, R. W. Large shareholders and corporate control. Journal of Political Economy, 1986, 94 (2): 461-488.

（5）财务杠杆。在我国实行政策性贷款的制度下，较高的财务杠杆意味着公司可以获得国家贷款，有利于公司绩效的提高，这样，财务杠杆与公司绩效之间可能存在正相关关系。反过来看，接受国家贷款的公司一般都是陷入困境、绩效不佳的公司，这表明财务杠杆与公司绩效之间存在负相关关系。Qi 等的研究和Sun 以及 Tong 的研究发现，计算公司绩效的方法不同，财务杠杆与公司绩效之间的关系也会不同，杠杆比例与公司市场与账面价值之比存在正相关关系，而与公司资产收益存在负相关关系。

（6）资产有形性。Smith 和 Watts（1992）研究认为，公司增长期权越多，有形资产密集度越低都会增加公司的代理成本，降低公司绩效，资产有形性与公司绩效存在正向相关关系[1]。Tian（2001）研究发现，我国公司的资产有形性与Tobin's $Q$ 值存在负相关关系[2]。

（7）公司规模。随着公司规模的增大，信息不对称和利益各方相互冲突等代理问题会越来越突出，从而损害公司绩效，因此，公司规模与公司绩效负相关。Xu 和 Wang 研究认为，我国的大公司容易受到政府的行政干预，其效率比小型公司低，公司规模与公司绩效存在负向相关关系。

（8）市场调整的股票收益。Cornett 等（2007）研究认为，如果公司去年的股票收益良好，市场对该公司来年的绩效会有良好的预期，这种预期又会提高公司市场的股票收益。这样，去年市场调整的股票收益与公司绩效存在正相关关系。[3] 引入这一变量可以消除证券投资基金选择那些股票收益良好的公司投资的可能性。

综上，本书所选择的控制变量所包含的具体指标及其定义如表 5-1 所示。

---

[1]　Smith, C. W., and Watts, R. The investment opportunity set and corporate financing, dividend and compensation policies. Journal of Financial Economics, 1992, 32（4）：263-292.

[2]　Tian, G. L. State shareholding and the value of China's modern firms. London Business School Working Paper, 2001.

[3]　Cornett, M. M., Marcus A. J., Saunders, A., and Tehranian, H. The impact of institutional ownership on corporate operating performance. Journal of Banking Finance, 2007, 31（5）：1771-1794.

表 5-1                                   本书所选控制变量

| 变量类型 | 指标 | 定 义 |
|---|---|---|
| 国有股比例 | STATEO | 年末国有股股数除以总股数 |
| 法人股比例 | LPO | 年末法人股股数除以总股数 |
| 外资股比例 | FORO | 年末外资法人持股数除以总股数 |
| 股权集中度 | HERF_5 | 前五大股东持股比例的平方之和 |
| 杠杆系数 | LEVE | 总债务的账面价值除以总资产的账面价值 |
| 资产有形性 | TANG | 年末固定资产净值加上存货除以年末总资产 |
| 公司规模 | SIZE | 年末销售收入的自然对数 |
| 市场调整的股票收益 | ADJR | 年末股票收益减去上证综合指数收益。年末股票收益等于年末收盘价减去去年末收盘价除以去年末收盘价。上证综合指数收益等于年末综合指数减去去年末综合指数除以去年末综合指数 |

为了检验假设 2，本书采用如下模型进行检验。

$$\text{Tobin's } Q_{it} = \alpha_0 + \alpha_1 SC_{it-1} + \alpha_2 Year + \alpha_c ConVars_{it-1} + \varepsilon_{it} \qquad (2)$$

其中，Tobin's $Q$、Year 以及控制变量（ConVars）的定义同模型 1；$\alpha_1$ 表示证券公司对公司绩效的影响，如果 $\alpha_1$ 显著为正，则表明证券公司持股对公司绩效有正向影响；$\alpha_0$ 为截距项，$\varepsilon_{it}$ 为残差项。

## 二、样本选择

Coffee（1991）指出，分析机构投资者参与公司治理，发挥监督作用的可能性与可行性应当遵循三项标准：（1）持股性标准，机构持有较大比例的股份，足以合理化其监督成本支出；（2）长期持股标准，机构实行长期投资，公司治理的改善能够为其带来长期收益。（3）利益冲突标准。机构投资者与公司之间没有特殊的利益关系，不会影响其监督的公正性；由于我们下面将专门采用利益冲突标准来对机构投资者进行分类并考察不同类型机构投资者持股对公司绩效的影响，因此，我们主要采取前面两条标准，即机构投资者是否参与公司治理并最终提高公司绩效主要取决于两个因素：一是机构投资者持股时间，二是机构投资者的持股数。只有长期投资，机构投资者才能获得公司治理的改善为其带来的长期收益。当机构投资者的持股数额较大时，一方面，由于市场容量有限，机构投资者短期内很难找到买主，其他机构投资者作为其唯一可能的买者很可能已经掌握和评估了坏的信息，不愿参与交易；即使急于脱身的机构投资者能够找到不太满意的买方，也会因为股价下跌蒙受损失。另一方面，大量持股使机构投资者能够足以合理化其参与治理成本。在参与公司治理总成本一定的情况下，持有一家公司的股票数越多，每股治理成本越低，而机构投资者获得的收益越多，因此机构投资者从参与公司治理中获得净收益的可能性越大。

机构投资者重仓股一般指机构投资者持有的股票数或股票市值占一定比例的股票，由于机构投资者的规模不同，其重仓股的数目以及市值也不同。根据中国证监会的有关规定，基金管理人应该在每个季度结束后 15 个工作日内编制完投资组合公告，并经基金托管人复核后予以公告。基金公告的内容包括按市值占基金资产净值比例大小排序的前十名股票明细，即股票名称，数量，市值，占基金资产净值比例。基金重仓持有股为基金公告日，股票市值占基金资产净值的 20% 股票的数额接近基金持股总数 5% 的股票。本书分别选取沪市 2004 年至 2006 年末一直都为证券投资基金和证券公司都重仓持有的股票作为样本，分别检验假设 1 和 2。这些股票持有的期限较长，为 3 年以上，而且持股比例较高，从而具有较强的代表性。

我们对样本作了如下处理：（1）由于银行、保险公司和投资信托机构等金融行业的公司的资本结构与其他公司不同，因此剔除金融类上市公司。（2）剔除至 2006 年末上市不满一年的公司，因为这部分公司刚上市可能会对其绩效及资本结构有影响。（3）剔除数据缺损的上市公司。

国外对公司绩效已经进行了多方面的探讨，结合现阶段我国资本市场的特点，我们主要采用会计指标法和 Tobin's $Q$ 法来度量公司绩效，以得到较为稳健的结论，具体采用 Tobin's $Q$ 和总资产收益率这两个指标。它们的计算方法分别是：（1）Tobin's $Q$ =（公司股票的市场价值+ 长期债的账面价值+ 短期债的账面价值）／公司总资产的账面价值；（2）总资产收益率（ROA）= 公司经营利润／总资产的账面价值。本书首先采用第一种方法计算公司绩效，在对实证结果的稳定性进行检查时，再运用其他方法来计算公司绩效。

# 第四节　实证结果与结论

## 一、描述统计与相关性分析

表 5-2 报告了 2004 年和 2005 年、2006 年这两年证券投资基金重仓股的样本情况。从表 5-2 可以看出，无论是 Tobin's $Q$ 值还是 ROA，2005 年和 2006 年这两年的平均值都高于 2004 年，这可能意味着 2005 年和 2006 年的公司绩效相对于 2004 年来说有所上升。2005 年和 2006 年这两年证券投资基金持股比例的平均值和中位数均高于 2004 年，表明 2005 年和 2006 年的证券投资基金的持股比例相对于 2004 年有所上升。这可能意味着股权分置改革以后公司绩效有所提高，其对公司绩效有正向作用，而且证券投资基金持股比例与公司绩效存在正向相关关系，即证券投资基金的持股比例越高，公司绩效越高，证券投资基金对公司绩效有正向作用。

表 5-2　　　　　　　　　证券投资基金重仓股的样本描述统计

| 变量类型 | 平均值 | 中位数 | 标准差 | 最小值 | 最大值 |
|---|---|---|---|---|---|
| Panel A：2004 年 | | | | | |
| Adjusted $Q$ | 0.042 | 0.001 | 0.198 | −0.391 | 0.850 |
| Adjusted ROA | 0.002 | 0.000 | 0.050 | −0.245 | 0.184 |
| MF | 0.022 | 0.005 | 0.036 | 0.001 | 0.196 |
| STATEO | 0.407 | 0.482 | 0.271 | 0.000 | 0.850 |
| LPO | 0.195 | 0.064 | 0.244 | 0.000 | 0.800 |
| FORO | 0.011 | 0.000 | 0.051 | 0.000 | 0.381 |
| HERF_5 | 0.292 | 0.288 | 0.158 | 0.001 | 0.723 |
| LEVE | 0.433 | 0.449 | 0.170 | 0.027 | 0.919 |

续表

| 变量类型 | 平均值 | 中位数 | 标准差 | 最小值 | 最大值 |
|---|---|---|---|---|---|
| TANG | 0.504 | 0.486 | 0.175 | 0.067 | 0.964 |
| SIZE | 21.193 | 21.006 | 1.221 | 14.853 | 26.757 |
| ADJR | −0.138 | −0.211 | 0.399 | −0.837 | 1.741 |

Panel B：2005 年和 2006 年

| | | | | | |
|---|---|---|---|---|---|
| Adjusted $Q$ | 0.077 | 0.002 | 0.319 | −0.706 | 2.227 |
| Adjusted ROA | 0.004 | −0.001 | 0.052 | −0.280 | 0.231 |
| MF | 0.045 | 0.014 | 0.071 | 0.001 | 0.636 |
| STATEO | 0.394 | 0.473 | 0.268 | 0.000 | 0.850 |
| LPO | 0.186 | 0.060 | 0.235 | 0.000 | 0.800 |
| FORO | 0.013 | 0.000 | 0.056 | 0.000 | 0.381 |
| HERF_5 | 0.282 | 0.278 | 0.151 | 0.001 | 0.723 |
| LEVE | 0.469 | 0.487 | 0.176 | 0.033 | 0.916 |
| TANG | 0.515 | 0.514 | 0.173 | 0.046 | 0.968 |
| SIZE | 21.499 | 21.349 | 1.221 | 17.500 | 27.407 |
| ADJR | −0.055 | −0.087 | 0.260 | −0.652 | 1.050 |

　　表 5-3 报告了 2004 年和 2005 年、2006 年这两年证券公司重仓股的样本情况。从表 5-3 可以看出，无论是 Tobin's $Q$ 值还是 ROA，2005 年和 2006 年这两年的平均值都高于 2004 年，这说明 2005 年和 2006 年的公司绩效相对于 2004 年来说有所上升。不过，2005 年和 2006 年这两年证券公司持股比例的平均值和中位数均低于 2004 年，这表明 2005 年和 2006 年证券投资基金的持股比例相对于 2004 年有所下降。这表明证券公司持股比例与公司绩效不存在正向相关关系，证券公司对公司绩效不具有正向作用。股权分置改革以后公司绩效有所提高，这可能预示着股权分置改革对公司绩效有正向作用。

表 5-3　　　　　　　　　　证券公司重仓股的样本描述统计

| 变量类型 | 平均值 | 中位数 | 标准差 | 最小值 | 最大值 |
|---|---|---|---|---|---|
| Panel A：2004 年 | | | | | |
| Adjusted Q | 0.042 | 0.005 | 0.213 | −0.298 | 0.714 |
| Adjusted ROA | −0.003 | 0.000 | 0.054 | −0.241 | 0.095 |
| SC | 0.024 | 0.013 | 0.021 | 0.001 | 0.063 |
| STATEO | 0.419 | 0.536 | 0.267 | 0.000 | 0.780 |
| LPO | 0.186 | 0.118 | 0.206 | 0.000 | 0.664 |
| FORO | 0.018 | 0.000 | 0.066 | 0.000 | 0.258 |
| HERF_5 | 0.282 | 0.288 | 0.158 | 0.056 | 0.609 |
| LEVE | 0.512 | 0.518 | 0.302 | 0.061 | 1.794 |
| TANG | 0.474 | 0.455 | 0.174 | 0.188 | 0.772 |
| SIZE | 20.959 | 20.729 | 1.261 | 18.596 | 23.267 |
| ADJR | −0.278 | −0.304 | 0.229 | −0.896 | 0.120 |
| Panel B：2005 年和 2006 年 | | | | | |
| Adjusted Q | 0.084 | 0.001 | 0.350 | −0.545 | 1.583 |
| Adjusted ROA | −0.001 | 0.001 | 0.042 | −0.161 | 0.122 |
| SC | 0.021 | 0.008 | 0.019 | 0.001 | 0.069 |
| STATEO | 0.373 | 0.408 | 0.279 | 0.000 | 0.780 |
| LPO | 0.213 | 0.155 | 0.224 | 0.000 | 0.724 |
| FORO | 0.025 | 0.000 | 0.076 | 0.000 | 0.299 |
| HERF_5 | 0.265 | 0.259 | 0.151 | 0.043 | 0.590 |
| LEVE | 0.571 | 0.553 | 0.290 | 0.072 | 2.342 |
| TANG | 0.491 | 0.472 | 0.159 | 0.175 | 0.810 |
| SIZE | 21.240 | 21.419 | 1.291 | 18.952 | 23.713 |
| ADJR | −0.117 | −0.109 | 0.245 | −0.576 | 0.920 |

　　表 5-4 报告了样本期内所有证券投资基金重仓股样本观测值的主要变量之间的相关系数。结果显示，调整的 ROA 值和 Tobin's $Q$ 分别与 MF 在 5% 和 10% 的水平上显著正相关，表明证券投资基金比例与公司绩效存在显著的正向相关关系，证券投资基金对公司绩效有正向作用。YEAR 与 Tobin's $Q$ 存在显著的正相关关系，YEAR 与 ROA 也具有显著的相关关系，表明股权分置改革对公司绩效有正向作用。STATEO 与 LPO 的相关系数较高，为 -0.842，为了避免多重共线性问题，以下分别将 STATEO 和 LPO 与其他解释变量一起作回归。其他变量之间的相关系数均小于 0.8，没有显著的高度相关关系，因此不必考虑它们之间的多重共线性问题。自变量之间的相关系数低于 80% 不会对多元回归方程产生危害，可以进入回归方程。

　　表 5-5 报告了样本期内所有证券公司重仓股样本观测值的主要变量之间的相关系数。结果显示，调整的 ROA 值和 Tobin's $Q$ 与 SC 均不存在显著正相关关系，表明证券投资基金对公司绩效不具有正向作用。YEAR 与 Tobin's $Q$ 存在显著的正相关关系，YEAR 与 ROA 也具有显著的相关关系，表明股权分置改革对公司绩效具有正向作用。STATEO 与 LPO 的相关系数较高，为 -0.920，为了避免多重共线性问题，以下分别将 STATEO 同 LPO 与其他解释变量一起作回归。其他变量之间的相关系数均小于 0.8，没有显著的高度相关关系，因此不必考虑它们之间的多重共线性问题。自变量之间的相关系数低于 80% 不会对多元回归方程产生危害，可以进入回归方程。

## 二、机构投资者持股对公司绩效影响的回归结果

　　表 5-6 报告了证券投资基金持股比例与公司绩效的关系。由于 STATEO 与 LPO 存在显著的高度相关关系，为了避免多重共线性问题，分别将 STATEO 和 LPO 与其他解释变量一起对调整的 Tobin's $Q$ 作回归。回归 1 将 STATEO 与其他解释变量一起对调整的 Tobin's $Q$ 作回归，回归 2 将 LPO 与其他解释变量一起对调整的 Tobin's $Q$ 作回归。回归 1 和回归 2 的样本为所有研究样本的观察值（包括 2004 年、2005 年和 2006 年），均采用加权最小二乘法进行回归，被解释变量均为调整的 Tobin's $Q$。

表 5-4

**证券投资基金重仓股样本的相关系数**

| | (1) | (2) | (3) | (4) | (5) | (6) | (7) | (8) | (9) | (10) | (11) |
|---|---|---|---|---|---|---|---|---|---|---|---|
| Adjust Q | | | | | | | | | | | |
| Adjusted ROA | -0.438** | | | | | | | | | | |
| MF | 0.332** | 0.302** | | | | | | | | | |
| STATEO | 0.014 | -0.102** | -0.094* | | | | | | | | |
| LPO | 0.030 | -0.034 | 0.036 | -0.842** | | | | | | | |
| FORO | 0.009 | -0.075 | 0.032 | -0.132** | -0.014 | | | | | | |
| HERF_5 | 0.103* | 0.137** | -0.078* | 0.260** | -0.018 | 0.042 | | | | | |
| LEVE | -0.204 | -0.231** | -0.020 | -0.107* | 0.042 | -0.001 | -0.083* | | | | |
| TANG | -0.010 | 0.077 | 0.165** | 0.141** | -0.091* | -0.063 | 0.089* | 0.136** | | | |
| SIZE | -0.146** | -0.132** | 0.122** | 0.103* | -0.137** | 0.058 | 0.067 | 0.294** | 0.167** | | |
| ADJR | 0.190** | 0.220** | 0.297** | 0.001 | 0.043 | 0.014 | 0.065 | -0.053 | -0.007 | 0.007 | |
| YEAR | 0.147* | 0.098* | 0.140** | -0.037 | -0.011 | 0.004 | -0.057 | 0.088* | 0.043 | 0.099* | -0.007 |

注：上表为 Pearson 相关系数，(1) 代表 Adjusted Q，(2) 代表 Adjusted ROA，(3) 代表 MF，(4) 代表 STATEO，(5) 代表 LPO，(6) 代表 FORO，(7) 代表 HERF_5，(8) 代表 LEVE，(9) 代表 TANG，(10) 代表 SIZE，(11) 代表 ADJR；** 表示 5% 的水平上显著，* 表示 10% 的水平上显著。

表5-5

**证券公司重仓股样本的相关系数**

| | (1) | (2) | (3) | (4) | (5) | (6) | (7) | (8) | (9) | (10) | (11) |
|---|---|---|---|---|---|---|---|---|---|---|---|
| Adjusted Q | | | | | | | | | | | |
| Adjusted ROA | -0.004 | | | | | | | | | | |
| SC | 0.314 | 0.072 | | | | | | | | | |
| STATEO | -0.262** | -0.006 | -0.004 | | | | | | | | |
| LPO | 0.157** | 0.039 | 0.016 | -0.920** | | | | | | | |
| FORO | 0.012 | 0.095 | -0.149 | -0.132** | 0.278** | | | | | | |
| HERF_5 | 0.333* | 0.204 | 0.040 | 0.483** | 0.233** | 0.071 | | | | | |
| LEVE | 0.239* | -0.587** | -0.026 | -0.134 | 0.117 | -0.132 | -0.295 | | | | |
| TANG | 0.154 | 0.082 | 0.024 | 0.051 | -0.046 | -0.131 | -0.068 | 0.165 | | | |
| SIZE | -0.382** | 0.095 | -0.084 | 0.376** | -0.362** | -0.061 | -0.287** | 0.003 | 0.013 | | |
| ADJR | 0.114** | 0.203** | 0.052** | 0.061 | 0.055 | 0.006 | -0.103 | 0.025 | -0.007 | -0.009 | |
| YEAR | 0.250** | 0.061** | 0.016 | -0.056 | 0.019 | 0.033 | -0.040 | 0.043 | 0.127 | 0.080 | 0.067 |

注：上表为 Pearson 相关系数，(1) 代表 Adjusted $Q$，(2) 代表 Adjusted $Q$，(3) 代表 Adjusted ROA，(4) 代表 SC，(5) 代表 LPO，(6) 代表 FORO，(7) 代表 HERF_5，(8) 代表 LEVE，(9) 代表 TANG，(10) 代表 SIZE，(11) 代表 ADJR；** 表示 5% 的水平上显著，* 表示 10% 的水平上显著。

表 5-6　　　　　　证券投资基金持股比例与公司绩效的关系：Tobin's $Q$

| | 回　归　1 | | | 回　归　2 | |
|---|---|---|---|---|---|
| | 参数 | $t$ 值 | | 参数 | $t$ 值 |
| 截距 | 0.1037 | 2.83 *** | 截距 | 0.0405 | 2.15 *** |
| MF | 0.8876 | 8.69 *** | MF | 0.9538 | 9.44 *** |
| STATEO | −0.0143 | −0.44 | LPO | −0.0691 | −0.203 |
| FORO | −0.6333 | −1.45 | FORO | −0.6413 | −1.44 |
| HERF_5 | 0.1549 | 1.73 * | HERF_5 | 0.2136 | 2.40 *** |
| TANG | −0.0837 | −3.01 *** | TANG | −0.1486 | −4.49 *** |
| LEVE | 0.0834 | 1.74 * | LEVE | 0.0671 | 1.84 * |
| SIZE | −0.0124 | −2.53 *** | SIZE | −0.010 | −2.11 *** |
| ADJR | 0.0322 | 2.65 *** | ADJR | 0.019 | 1.91 ** |
| YEAR | 0.0602 | 11.65 *** | YEAR | 0.0671 | 15.29 *** |
| $F$ 值 | 15.92 *** | | | 16.87 *** | |
| Adj $R^2$ | 0.837 | | | 0.845 | |

注：回归 1 是将 STATEO 作为解释变量的结果，回归 2 是将 LPO 作为解释变量的结果。
*** 表示 1% 的水平上显著，** 表示 5% 的水平上显著，* 表示 10% 的水平上显著。

根据表 5-6 中回归 1 和回归 2 的多元回归结果，MF 的估计系数都显著为正，表明 MF 与 Tobin's $Q$ 存在显著的正向相关关系，证券投资基金对公司绩效有正向影响。YEAR 的估计系数显著为正，表明股份分置改革以后公司绩效有显著提高。HERF_5 的估计系数为正，表明股权集中度与公司绩效存在正向相关关系，这可能是因为大股东有助于缓解小股东的搭便车问题，从而提高公司绩效。TANG 的估计系数显著为负，这与 Tian（2001）的结论一致。LEVE 的估计系数显著为负，说明公司财务杠杆与绩效存在显著的反向相关关系。这可能是由于我国的政策性贷款一般是提供给那些绩效不佳的公司，造成了财务杠杆与公司绩效负相关关系。SIZE 的估计系数显著为负，说明公司规模与绩效存在显著的反向相关关系，这可能是因为我国大型公司一般为国有公司，相对于其他小型公司来说更容易受到政府行政干预，代理问题更为突出，造成了公司低效率。ADJR 的估计系数显著为正，说明市场会基于去年公司绩效对来年绩效作出预期，从而对来年的公司绩效造成影响，控制这一变量能够消除证券投资基金持股比例与公司绩效之间的显著正向相关关系是由于证券投资基金选择绩效较好的公司投资的可能性。YEAR 的估计系数显著为正，说明股权分置改革以后，公司绩效有显著提高。

表 5-7 报告了证券公司持股比例与公司绩效的关系。由于 STATEO 与 LPO 存在显著的高度相关关系，为了避免多重共线性问题，分别将 STATEO 和 LPO 与其他解释变量一起对调整的 Tobin's Q 作回归。回归 1 将 STATEO 与其他解释变量一起对调整的 Tobin's Q 作回归，回归 2 将 LPO 与其他解释变量一起对调整的 Tobin's Q 作回归。回归 1 和回归 2 的样本为所有研究样本的观察值（包括 2004 年、2005 年和 2006 年），均采用加权最小二乘法进行回归，被解释变量均为调整的 Tobin's Q。

表 5-7　　　　　　　　证券公司持股比例与公司绩效的关系：Tobin's Q

| | 回　归　1 | | | 回　归　2 | |
|---|---|---|---|---|---|
| | 参数 | t 值 | | 参数 | t 值 |
| 截距 | 3.3829 | 4.78 *** | 截距 | 3.4402 | 5.23 *** |
| SC | 1.0905 | 1.15 | SC | 0.9098 | 1.00 |
| STATEO | −0.3212 | 2.08 ** | LPO | 0.2629 | 2.11 ** |
| FORO | 0.8002 | 0.74 | FORO | 0.6315 | 0.63 |
| HERF_5 | 1.3127 | 3.85 *** | HERF_5 | 1.0433 | 3.87 *** |
| TANG | 0.0362 | 0.33 | TANG | −0.057 | −0.54 |
| LEVE | 0.0216 | 0.29 | LEVE | 0.0380 | 0.50 |
| SIZE | −0.0968 | −2.98 *** | SIZE | −0.0941 | 3.05 *** |
| ADJR | 0.0322 | 2.65 *** | ADJR | 0.019 | 1.91 ** |
| YEAR | 0.1412 | 4.68 *** | YEAR | 0.1398 | 4.75 *** |
| F 值 | 4.27 *** | | | 4.16 *** | |
| Adj $R^2$ | 0.763 | | | 0.759 | |

注：回归 1 是将 STATEO 作为解释变量的结果，回归 2 是将 LPO 作为解释变量的结果。*** 表示 1% 的水平上显著，** 表示 5% 的水平上显著，* 表示 10% 的水平上显著。

根据表 5-7 回归 1 和回归 2 的多元回归结果，SC 的估计系数都为正，但并不显著，表明 SC 与 Tobin's $Q$ 不存在显著的相关关系，证券公司对公司绩效不具有影响。STATEO 的估计系数显著为正，说明国有股持股比例与公司绩效之间存在负向相关关系。这可能是因为我国国有股东存在着对中小股东的利益侵占问题，降低公司运营效率，进而降低公司绩效。LPO 的估计系数显著为正，表明法人股对公司绩效具有正向作用，可能是由于公司法人会积极监督公司经理，改善了公司治理，进而提高了公司绩效。HERF_5 的估计系数为正，表明股权集中度与公司绩效存在正向相关关系，这可能是因为大股东有助于缓解小股东的搭便车问题，从而提高公司绩效。SIZE 的估计系数显著为负，说明公司规模与绩效存在显著的反向相关关系，这可能是因为我国大型公司一般为国有公司，相对于其他小型公司来说更容易受到政府行政干预，代理问题更为突出，造成了公司低效率。ADJR 的估计系数显著为正，说明市场会基于去年公司绩效对来年绩效作出预期，从而对来年的公司绩效造成影响。控制这一变量能够消除证券投资基金持股比例与公司绩效之间的显著正向相关关系是由于证券投资基金选择绩效较好的公司投资的可能性。YEAR 的估计系数显著为正，表明股份分置改革以后公司绩效有显著提高。

## 三、稳定性检查

如前文所述，已有研究采用经济增加值法、折现现金流量法、上市公司市盈率法、会计指标法以及 Tobin's $Q$ 衡量公司绩效，结合现阶段我国市场的特点和统计数据的可获得性，我们同时采用会计指标法和 Tobin's $Q$ 来度量公司绩效，以得到较为稳定的结论。

以上研究均基于第一种计算方法，即 Tobin's $Q$ = 公司股票的市场价值 + 长期债的账面价值 + 短期债的账面价值／公司总资产的账面价值。下文运用会计指标法来计算公司绩效，对上文结论的稳定性进行检查，我们具体采用总资产收益率（ROA）这一指标，其计算的方法为：ROA = 公司经营利润／总资产的账面价值；又由于各个行业的证券投资基金比例和公司绩效都不一样，必须控制行业效应的影响，我们采用行业调整的总资产收益率衡量公司绩效，其计算方法为每个观测值的总资产收益率分别减去它们当年所在行业的总资产收益率的中位数。

运用同样的样本选择标准，得到满足运用总资产收益率计算公司绩效所需要的样本，证券投资基金的样本数为 236 家，证券公司的样本数为 29 家，与上文所运用的样本相同。

表 5-8 报告了运用总资产收益率计算公司绩效得到的证券投资基金持股比例与公司绩效的关系，样本为所有研究样本 2004 年、2005 年和 2006 年的观察值，被解释变量为总资产收益率，采用加权最小二乘法进行回归。回归结果表明，无论是运用 Tobin's $Q$ 还是资产收益计算公司绩效，MF 的估计系数都显著为正，YEAR 的估计系数都显著为正。以上回归结果与表 5-6 中的结果一致，表明上文的研究结论没有发生改变。

表 5-8 　　　　　　证券投资基金持股比例与公司绩效的关系：ROA

| | 回　归　1 | | | 回　归　2 | |
|---|---|---|---|---|---|
| | 参数 | $t$ 值 | | 参数 | $t$ 值 |
| 截距 | 0.0556 | 2.58 *** | 截距 | 0.0573 | 2.67 *** |
| MF | 0.0239 | 2.64 *** | MF | 0.0278 | 11.39 *** |
| STATEO | -0.0150 | -1.86 | LPO | 0.0192 | 0.56 |
| FORO | -0.1352 | 0.85 | FORO | -0.6715 | 1.14 |
| HERF_5 | 0.0664 | 1.74 | HERF_5 | 0.0615 | 1.68 |
| TANG | 0.0060 | 1.44 | TANG | 0.0051 | 1.26 |
| LEVE | -0.0342 | -6.91 *** | LEVE | -0.0230 | -5.31 *** |
| SIZE | -0.0027 | -2.62 *** | SIZE | -0.0023 | -2.18 *** |
| ADJR | 0.0184 | 17.43 *** | ADJR | 0.0175 | 15.71 *** |
| YEAR | 0.0046 | 7.69 *** | YEAR | 0.0048 | 7.28 *** |
| $F$ 值 | 39.96 *** | | | 38.53 *** | |
| Adj $R^2$ | 0.953 | | | 0.952 | |

注：回归 1 是将 STATEO 作为解释变量的结果，回归 2 是将 LPO 作为解释变量的结果。*** 表示 1% 的水平上显著，** 表示 5% 的水平上显著，* 表示 10% 的水平上显著。

表 5-9 报告了运用总资产收益率计算公司绩效得到的证券公司持股比例与公

司绩效的关系，样本为所有研究样本 2004 年、2005 年和 2006 年的观察值，被解释变量为总资产收益率，采用加权最小二乘法进行回归。回归结果表明，无论是运用 Tobin's $Q$ 还是总资产收益率计算公司绩效，SC 的估计系数都不显著，YEAR 的估计系数都显著为正。以上回归结果与表 5-7 中的结果一致，表明上文的研究结论没有发生改变。

表 5-9　　　　　　　　　　证券公司比例与公司绩效的关系：**ROA**

| | 回　归　1 | | | 回　归　2 | |
|---|---|---|---|---|---|
| | 参数 | $t$ 值 | | 参数 | $t$ 值 |
| 截距 | 0.3205 | 2.46 *** | 截距 | 0.2560 | 2.54 *** |
| SC | 0.4268 | 1.77 | SC | 0.3881 | 1.65 |
| STATEO | −0.0516 | −0.91 | LPO | 0.0162 | 0.28 |
| FORO | 0.1070 | 1.03 | FORO | 0.0739 | 0.63 |
| HERF_5 | 0.1090 | 0.78 | HERF_5 | 0.1302 | 0.97 |
| TANG | 0.0095 | 0.32 | TANG | 0.0197 | 0.68 |
| LEVE | −0.0954 | −3.18 *** | LEVE | −0.1070 | −3.63 *** |
| SIZE | −0.0123 | −2.24 *** | SIZE | −0.0090 | −2.18 *** |
| ADJR | 0.0220 | 2.16 ** | ADJR | 0.0258 | 2.45 *** |
| YEAR | 0.0019 | 4.20 *** | YEAR | 0.0023 | 5.74 *** |
| $F$ 值 | 12.23 *** | | | 12.74 *** | |
| Adj $R^2$ | 0.829 | | | 0.835 | |

## 四、结论与启示

本书从压力敏感型和压力不敏感型这一分类方法入手，系统检验我国机构投资者参与公司治理的情况以及对公司绩效的影响。由于证券投资基金和证券公司为我国主要的机构投资者，前者是我国最大的压力不敏感型机构投资者，后者为最大的压力敏感型机构投资者，我们以 2004 年至 2006 年证券投资基金连续重仓持有和证券公司重仓持有的公司为例，运用上市公司的数据，从机构投资者持股比例与公司绩效关系的角度分别检验了证券投资基金和证券公司对公司绩效的作用。研究结果表明，证券投资基金对公司绩效具有显著的正向作用。这表明证券投资基金积极参与到公司管理当中，发挥了其作为内部控制机制的监督作用，在一定程度上缓解了我国上市公司中存在的代理问题，从而提高了公司绩效。证券公司对公司绩效没有显著影响，说明证券公司没有参与到公司治理中。2005 年实施的股权分置改革对于我国上市公司绩效具有显著的正向作用，这表明股权分置改革改变公司股权结构，在一定程度上缓解了代理问题，从而提高了公司绩效。

以上研究结论，可以带给我们如下几方面的启示。

第一，不同类型的机构投资者在公司治理方面的作用是不同的，证券投资基金作为压力不敏感型机构投资者能够有效解决代理问题，尤其是在中国这样一个具有特殊国情的国家里面。虽然实行了股权分置改革，在短期内公司股票尚无法全部流通，相当多企业还存在为数不少的非流通股，这种集中的股权结构使得中国上市公司的代理问题不光是公司经理与股东的问题，还包括掌握不流通股份的大股东对小股东的剥削问题，机构投资者有助于解决这两种代理问题，提高公司绩效。由于利益冲突，证券公司作为压力敏感型机构投资者不会参与到公司治理中。

第二，为改善上市公司治理从而提高上市公司绩效乃至促进股票市场健康发展，我们应该积极促进机构投资者的进一步发展，尤其是压力不敏感型机构投资者，并鼓励它们参与到公司治理中，发挥公司治理的作用，提高公司绩效。

# 第六章　促进我国机构投资者发挥公司治理作用的建议

## 第一节　推进上市公司股权结构的优化

我国发展股票市场，最初是为了促进国有企业改革和脱困。在股票市场发展的初期阶段，上市的股份公司绝大多数脱胎于国有企业，部分企业采取整体上市的方式，大部分企业上市则采取剥离部分上市的方式。为保持国有经济作为社会主义经济的基础地位不变，国有股份在上市企业占绝对优势地位，而且股权分置。在股权分置改革前，包括国有股份、法人股和内部职工股在内的非流通股约占总股本的2/3，这样就形成了国有股东"一股独大"的完全垄断型股权结构。根据国外学者的研究，如果最大股东持股量超过40%，公司控制市场机制基本不起什么作用。在我国高度集中的股权结构下，公司治理内部和外部机制难以发挥作用，这是造成上市公司绩效普遍低下的重要原因。

近年来，我国采取一系列措施，积极发展机构投资者，同时积极实施股权分置改革，这对优化上市公司的股权结构起到一定作用。但是，截至2008年年末，我国上市公司中国有股比例仍超过45.29%。股权分置改革实际上只是解决了流通股与非流通股之间的利益冲突，这个冲突的解决缓解了流通股股东的弱势地位。但是，即使实现全流通后，如果没有其他措施跟进，并不会改变国有股东"一股独大"的局面，中国股市依然将会存在大股东与中小股东之间的矛盾和冲突①。

---

① 巴曙松. 启动股权分置问题试点：中国股市转型的制度基础. 中国金融，2005（9）.

为了促进我国资本市场的发展，必须积极推进上市公司投资主体的多元化，进一步优化上市公司的股权结构。为此，应区分不同情况，采取不同的对策；对于一般竞争性行业的上市公司，国有股份在全流通后，应尽量退出；对于涉及国家经济安全、外部效益比较明显的行业，如金融、能源行业，除保留国家对一些大型上市公司的控股外，对这些行业的一般上市公司，可降低国有股份的比例，甚至退出；对于需要由国家控股的企业，一般也应相对控股，并且可以采取由国有企业交叉持股的办法来实现相对控股。

通过适当降低国有股份比例，提高非国有股份比例，有利于上市公司股权结构的优化和多元化。在多元投资主体相互制衡的股权结构下，机构投资者参与上市公司治理所必需的股权比例下降，可以激发机构投资者介入上市公司治理的积极性，从而改善公司的治理结构和机制。

## 第二节　机构投资者自身的完善

### 一、完善机构投资者的治理结构

完善机构投资者的治理结构，形成对机构投资者经营管理者有效的激励与约束机制，是机构投资者参与公司治理并有效发挥作用的必要条件。目前，我国机构投资者本身的治理结构还很不完善，既影响了机构投资者本身的投资绩效，也限制了机构投资者参与上市公司治理。为了发挥机构投资者参与公司治理的积极作用，应完善机构投资者本身的治理结构。机构投资者治理的核心问题是如何发挥投资者、独立董事对机构管理人的选择、激励和约束作用，形成有效的约束机制、激励机制和声誉机制。

（一）健全机构投资者内部的激励约束机制

我国机构投资者内部的激励约束机制不健全，是机构投资者内部治理最突出的问题。在证券投资基金中，我国基金的股份持有人较为分散，且大多数追求资本获利，对基金管理者缺乏必要的监督。我国基金公司目前的报酬体系和基金评价体系不合理，固定的管理费提取制度使基金管理人缺乏提高业绩的动力和对基金的责任心。管理人的有限责任制则意味着管理人违反基金宗旨违规操作甚至损害基金资产或持有人损失时，只承担有限责任，基金管理人的责任与风险不匹配。因此，在加强机构投资者的内部治理时，应加强约束激励机制的建设，要求机构投资者的投资决策层在授权范围内有极强的自我约束能力，在整体投资战略中要明确损益比，要求各项授权和风险管理制度的执行必须严格和细化，要求建立规范的股东大会和独立董事会制度。比如在证券投资基金中，必须在基金管理人的资格、选任、期限和行为规范等方面加以明确，建立相关的监督组织；而在激励方面，首先应该让基金管理人与基金"风雨同舟"，通过提高基金管理人持有基金份额等措施把基金管理人个人利益与基金利益相挂钩；其次应该在评价基金时引入风险指标，以防基金管理人为了追求高业绩而不顾投资人承担的风险；最后应该对不同品种的基金设计不同的激励方案，根据基金管理人承担不同的风险、不同的收益设计不同的评价标准。

（二）健全机构投资者的声誉机制

在成熟的证券市场上，机构投资者选择经营管理者的重要依据是经理者的声誉。作为基金管理人，如果要获得聘用或续聘，必须有良好的声誉。这就要求管理人出于长期利益的考虑而约束短期利益的冲动。在存在声誉机制的情况下，基金管理人的短期行为可以得到较好的抑制。比如，基金管理人出于增加管理费和计提业绩报酬所做的净值操纵等一次性行为与其长期的职业生涯相比，就显得微不足道，基金经理人会由于声誉问题而自动抑制。通过声誉机制的建立，促进机构投资者建立成熟、理性的投资理念、建立有特色的投资经营板块，从粗放型的投资理念转变为精细的耕耘，从"坐庄"和"短视"的投机行为转变为长期、理性的投资行为，在自己比较熟悉的领域，选择有投资价值的上市公司，改变以往跟随、重复投资的观念，进行深度投资，从而达到促进机构投资者积极参与上市公司治理的目的。

## 二、提高机构投资者参与公司治理能力

对股东大会的参与不仅仅表现为是否出席，而且还表现为是否在大会上真正行使股东的权利，体现股东的意志。在股东大会上对于参加投票的机构投资者应

给予奖励以鼓励其积极参与公司治理的行为。还可建立股东大会质询机制，让股东可以通过向董事会、监事会以及重要审计人员提问了解公司的经营信息，加强对关键事件的监督，达成股东大会效能的强化。同时机构投资者还应接受相关的训练教育课程以培养发现公司治理问题、参与公司治理的能力。只有机构投资者拥有内部的公司治理能力，才能决定相关的公司治理机构政策、方针、解决问题的立场等问题。同时虽然按规范运作的要求，基金只应以公开信息为基础，通过对行业和上市公司基本面的分析，确定投资决策。但在我国股票市场上，股票投资的风险和收益很大程度上来自上市公司"制造题材"与操纵账面业绩，上市公司的账面业绩相当程度上受上市公司的主观愿望以及市场操纵者与上市公司讨价还价结果的影响。由于上市公司的真实业绩可能与其账面业绩相去甚远，基金若无法在业绩和题材方面与上市公司充分沟通，就难以消除上市公司操纵业绩和题材的内在风险，难以发现公司潜在治理问题，投资者的合法权益也将难以得到有效保护。

在提高机构投资者参与公司治理能力方面，对治理主体的人员选择非常关键。他们中的每一个人必须熟悉所从事的职业所应当具备的各种知识，并且愿意承担基于信托义务的各种责任。以 TIAA-CREF 为例，TIAA-CREF 对全部资产都是实行积极内部管理，拥有分析人员、经济学家、有价证券管理人员及其他管理专家，并且其投资分析人员也是关于公司治理结构问题的专家。但是在我国现有的机构投资者中，大多只有有价证券管理人员，而有关的管理专家则较少甚至没有。因此，应该努力提高我国机构投资者队伍中人员的专业素质，提高各个基金公司的高学历人员比例。

另外，还应当重视独立董事的作用。由于基金管理公司与被管理基金之间存在利益冲突，为了防止基金受益人的利益受到损害，必须确保机构投资者的董事会中有足够的能独立于基金管理层的独立董事。在美国，投资基金90%是公司型的，基于对投资基金的股东与管理投资基金的投资顾问（即基金管理公司）的股东是两个不同的群体而使投资顾问与投资基金本质上存在着利益冲突的认识，美国的监管当局要求每一个基金必须组建董事会且至少40%是独立董事，基金董事会负责基金的重大决策。

### 三、加强对机构投资者的信息披露

监管机构投资者的行为，核心是增加机构投资者参与市场的透明度。必须使逐步显露的控制结构更加透明，使控股所有者的所作所为更加透明。国家只需要监管机构投资者对其业务及行为的信息披露的真实性、完整性、及时性，就会使机构投资者的所有行为都处于监管当局和大众的视线之内，违规会导致监管处罚，更甚的是导致投资者对其信心的丧失，这将是对机构投资者最大的约束。

在法定的信息披露之外，我们还必须加强机构投资者的行业自律性监管和公众监管。我国的机构投资者应当借鉴国外的成功经验，制定所属行业的内部治理纲领，为其会员在改善内部治理方面提供指导，并应当采取相关措施，使其会员能逐步地采纳和执行这些相关建议。例如，加拿大的 Dey 委员会曾经制定了一份关于机构投资者内部治理的纲领性文件，其重点是完全的信息披露。Toronto 证券交易所就要求所有在此交易所上市的公司必须提交公开资料来显示它们怎样遵从此报告所提出的公司治理纲领。如果一家公司选择不遵守 Dey 报告中的治理纲领，那么它必须在一份公开文件中说明为什么，然而最终的结果却是不遵从 Dey 报告中的内部治理纲领将面临被股东和媒体谴责的威胁，这种来自同行的压力和对公共形象困境的恐惧使得 Dey 报告所确定的治理方针得以有效实施。

## 第三节　提高我国上市公司信息披露的透明度

中国股市信息披露违规行为之所以屡禁不止，固然有成功后巨大物质回报的诱惑，但更大程度上是在于违规行为被监管者发现的概率较小。同时，违规行为被发现后承担损失比较小。鉴于上述原因，应该从提高违规者所支付的违规成本和违规行为查处概率两个方面，最大限度地降低违规者的违规期望收益，对违规者实施有效的监管。具体建议如下：

## 一、提高违规成本

### （一）完善证券法中的民事损害赔偿制度

民事损害赔偿制度不仅通过责令违规者赔偿受害投资者的损失，有效地剥夺违规者通过违规行为所获得的非法利益，而且给违规者强行加上了一种经济上的巨大负担。同时，民事损害赔偿责任制度可以有效地动员广大的投资者来参与监控。在成熟市场国家，特别是美国，让证券违法者最为担心的不是刑事诉讼或者行政处罚，而是由小股东提起的民事赔偿诉讼。

《最高人民法院关于审理证券市场因虚假陈述引发的民事赔偿案件的若干规定》（2022 年因新的规定而废止）是我国在证券民事赔偿方面制定的内容最全面、可操作性最强、意义最重大的法律规范。然而，作为审判过程中的一项司法解释，该规定仍然存在着一定的局限性。如尽管法院受理案件范围有所扩大，但仍然存在前置程序，投资者提起诉讼需要提交行政处罚决定或法院的刑事判决文书，符合上述要求的也是少数，此外，行政复议导致诉讼中止也将为以后的案件埋下隐患。在诸多被告中，一旦有一人提起行政复议或行政诉讼，法院都将中止民事诉讼，这很可能会使诉讼变成马拉松。如果一家上市公司濒临破产，而此时尚在投资者提起侵权诉讼的时效内，则存在如发生破产是否应当承认投资者具有准债权人性质的问题。所以，对投资者利益的保护还非常不完整，有必要在今后加以明确。

### （二）建立中介机构及其从业人员的信用体系

对中介机构及其从业人员来说，行政处罚和民事赔偿固然可使其遭受巨大的经济负担，但在我国信用制度比较混乱的情况下，在受到处罚之后更换面目继续从事违法行为的中介机构和人员大有人在。因此要提高违法成本，让严重违法的中介机构及其从业人员从证券行业中彻底出局，或者从此彻底丧失执业资格，这对于违法者将是毁灭性的，也是彻底性的打击。

同时，各种处罚某种程度上也是一种对中介机构出现了严重违法行为后的事后监管措施。事实上，许多违法的中介机构的严重违法行为是建立在日常多次

"轻微违法"的基础之上的，应建立一种信用体系对中介机构及其从业人员的信誉程度进行动态的评定，在不同的信誉等级阶段，可以实施相应的业务禁止。这样一方面可以防止具有严重后果的不法行为的产生，将可能的违法行为置于有限范围之内，另一方面可以有效地降低监管成本。

## 二、提高发现违规行为的能力

### （一）确立政府监管、行业自律和社会监督相结合的监管框架

根据有关证券市场监管理论，政府在市场监管中不应事必躬亲，将自己置于矛盾的焦点，而应将证券中介机构及各种自律机构推向监管的第一线，从而使自己处于一种相对超脱的地位。证券交易所是证券市场最为重要的自律组织，也是一线的监管者，在对上市公司信息披露行为的监管上，发挥着极为重要的作用。另外，值得引起我们注意的是，许多发达市场国家建立了较为严谨的投资者监督和申诉制度。这非常值得我国借鉴。

### （二）应加强对注册会计师的管理

要结合政府转变职能的工作，进一步理顺中国注册会计师协会与有关政府部门的关系，特别是理顺地方协会与地方政府有关部门之间的关系，明确协会的职责。积极加强协会与有关政府部门的沟通和协调工作，建立协会和政府部门在监管和惩处工作上的"互动"合作机制。

# 第四节　健全和完善相关法律法规

## 一、放松法律制度对机构投资的严格限制

中国证券交易法规中存在着诸多影响机构投资者参与公司治理的规定。首先是对机构的行政性准入限制和审批制度，门槛太高。比如基金到证券市场投资基本上都要由专业化的基金管理公司运营，而我国基金管理公司的设立实行严格的行政性准入限制和审批制，这就将个人投资者与民营企业排除在外，限制了其他

机构投资者与国有证券投资基金的竞争。其次投资基金持股的两个10%规定，即"一个基金持有一家上市公司的股票，不得超过该基金资产净值的10%；同一基金管理人管理的全部基金持有一家公司发行的证券，不得超过该证券的10%"。我国上市公司特殊的一股独大的股权结构使得基金的持股比例在绝大多数公司中不具有控制力，很难通过"用手投票"发挥股东的作用。还有诸如对公募基金的投资方向、手段等的限制要严于社保基金等，也导致了机构投资者之间的不平等竞争。这些法律法规都是不利于机构投资者长远发展的，需要进行修改，做到宽严有度。

## 二、完善征集代理投票权制度

征集代理投票权是指股东不能或者不愿出席股东会议也未委托适当的代理人行使投票权时，公司、股东和其他人将记载必要事项的空白授权书交付公司股东，动员股东选任自己或第三人代理行使其投票权的民事行为。征集代理投票权就是通过各种方式从目标公司的股东手中获得代理投票权。在发达市场经济国家的现代公司中，使用委托书行使投票代理权是很普遍的现象，以致使股东会的形态由原先的股东出席、共聚一堂、选举董事、讨论议案的形式转化为委托书征集的过程，这样，决定董事选任及其他议案能否通过的关键就转移到委托书的征集上来。美国、英国和日本等国的法律对此制度都有较详细的规定。我国《公司法》第118条对委托代理投票做了规定："股东委托代理人出席股东会会议的，应当明确代理人代理的事项、权限和期限；代理人应当向公司提交股东授权委托书，并在授权范围内行使表决权。"但这条规定的重点在于确认了委托代理投票在股东大会的运作，而对于如何取得委托代理投票权语焉不详，对于是否可以征集代理权也没有明确的态度，《股票发行与交易管理暂行条例》第65条的规定也过于原则，因此在我国积极股东争夺代理投票权处于一个虽为合法但却没有具体实施规定的状况下。所以有必要完善我国《公司法》和《证券法》及其相关规定，明确界定征集代理投票权的概念、征集代理投票权的主体资格、规定征集代理投票权的程序、信息披露以及是否允许有偿代理征集等。

### 三、建立表决权信托制度

在我国股票市场上存在着数量众多的中小股民，而小股东利益得不到切实保护又是我国当前公司治理的关键缺陷。在国外，为了解决小股东在上市公司中的利益保护问题，普遍建立有表决权信托制度，其受托人一般是银行或共同基金。我国中小股东受到出席股东大会最低股份额的限制，又没有代理权竞争的机制，因而中小股东无法在公司权利结构中取得应有的地位和行使相应的权利，缺乏参加股东大会的兴趣和积极性。在股权分散情况下，中小股东由于费用、时间及"搭便车"等主观原因不能出席股东大会。表决权信托制度就可通过股东与受托人之间签订的协议将股份转移给受托人，这样受托人就可以用相对集中的中小股东的表决权来对抗大股东。目前在我国，由于银行不能持有上市公司股票，券商和法人机构投资者进行自营和证券投资的资金来源不稳定，投资多追求短期收益最大化，导致投资行为短期化，投机的成分较多。因此，可考虑由证券投资基金充当受托人，在一定期限内代为保管小股东的股份，接受小股东的委托进行投票，可以使证券投资基金掌握更多投票权，增强其介入公司治理的能力与动力，有效解决小股东利益保护问题。

### 四、完善股东诉讼和证券民事赔偿制度

为确保公司利益免受公司高管、控制股东乃至第三人的侵害，《公司法》第189条规定，董事、高级管理人员有前条规定的情形的，有限责任公司的股东、股份有限公司连续180日以上单独或者合计持有公司1%以上股份的股东，可以书面请求监事会向人民法院提起诉讼。这无疑是对我国民事诉讼法的极大突破，但我国目前的公司法和证券法对民事赔偿制度规定得不具体，对民事赔偿责任追究的证明责任也不合理。"谁主张谁举证"的过错责任归责原则使得中小投资者在侵权损害赔偿中处于不利的地位，应改变目前民事诉讼中"谁主张谁举证"的原则，而适用过失责任原则，采用举证倒置，即不要求原告举证，而由被告负举证责任。对于公司大股东而言，由其做出自己无过错或过错与股东的损失没有必然因果关系的证明，以利于中小股东对大股东越权公司治理的行为提起民事诉讼。对于证券市场中的机构投资者而言，也应当修正民事赔偿制度以及归责原

则，实施举证责任倒置，提高机构投资者的违规成本，为培养长期投资理念提供司法保障，避免民事赔偿制度的缺陷与监管不力一样，不能对机构投资者违规行为形成有力约束，从而为其违规操作增加潜在的原因。

## 第五节　大力发展机构投资者

制约我国机构投资者公司治理功能发挥的一大因素就是以证券投资基金为主体的机构投资者数量和规模都还有限。国外机构投资者一般规模都较大，不仅能使企业实施监督的成本-收益匹配程度较好，也限制了它们像个人投资者那样方便地进入退出。我们不仅要在存量上调整和扩充现有机构投资者的规模，更要在增量上全方位引入全新的机构投资者，主要有以下措施：

第一，继续推进养老基金和保险基金入市。在西方发达国家，由于养老基金和保险基金的投资行为通常具有持股周期长、追求长期稳定收益的特征，因此无论从规模上还是从其所占比重看他们都是资本市场的主流投资者，也是最主要的以公司治理为导向的机构投资者。然而在我国，虽然说近年来我国的养老基金规模获得了一定的发展，但是由于养老保险体制还很不完善、证券市场投资风险较高以及缺乏高质量的养老基金管理公司等原因，在相当长的一段时间内养老保险基金还很难大规模进入证券市场成为重要的机构投资者，所以我们应从完善社保基金法规、加强证券市场建设，以及完善我国目前养老保险所存在的运行障碍及自身体制等方面入手，为我国养老基金参与公司治理创造条件。

《关于保险机构投资者股票投资交易有关问题的通知》及《保险机构投资者股票投资登记结算业务指南》的颁布，标志着我国保险基金入市已进入实质性操作阶段，但是还远未达到我国保险基金的入市规模，因此我们还需进一步加大我国保险基金的入市规模，以提高其在公司治理中的地位，从而促使其在公司治理中发挥作用。

第二，丰富证券投资基金产品种类和经营模式。大力发展债券基金和货币市场基金等低风险的基金，以便与现有的股票基金和混合基金等高风险基金的规模相当，丰富证券投资基金种类，使产品结构更为均衡。加大证券投资基金参与诸如全国社保基金和企业年金理财市场的力度，并拓展机构客户市场。

　　第三，基金管理人和发起人的多元化。对各种所有制应降低管制性进入门槛。除了专门的基金管理公司以外，也应该允许符合一定条件的保险公司、商业银行、金融资产管理公司、信托投资公司、投资咨询（顾问）公司等机构管理甚至发起基金，用市场化的手段培育理性、成熟的机构投资者。

　　第四，继续扩大 QFII 的规模。我国的 QFII 制度始于 2002 年，2002 年中国证监会与中国人民银行发布了《合格境外机构投资者境内证券投资管理暂行办法》，这一办法允许得到国际认可的金融机构在我国建立基金来收购和出售 A 股。作为资本市场开放的一项重要举措，QFII 制度自建立起，就以其全球配置理念和长期投资行为，促进了境内市场估值体系的完善，推动了市场的稳定发展。QFII 制度的引入对我国资本市场的发展产生了重要的意义。一方面 QFII 积极支持股权分置改革，积极投资于股改公司，推动了上市公司改进公司治理，另一方面 QFII 发挥了境内机构难以替代的作用，从诸多方面推动了境内市场的制度完善和产品创新，并对境内市场中介机构在管理方法、内控机制、经营服务意识等方面的提高起到了积极的作用。因此，可以说 QFII 真正的目标不仅仅是推动市场，希望 QFII 可以通过自身的努力和介入，提高中国国内企业的公司治理等方面的水平。

　　随着资本市场和外汇体制改革的不断深化，我国在证券交易、资金流动和相关监管措施方面做了较大的完善和调整，为了促进 QFII 进一步发挥他们在公司治理中的作用，我国于 2006 年 9 月 1 日正式开始实行《合格境外机构投资者境内证券投资管理办法》（2020 年因发布新的管理办法而废止），与《合格境外机构投资者境内证券投资管理暂行办法》相比，新办法主要在四个方面发生了变化：QFII 准入门槛大幅降低，资金锁定期缩短，QFII 可直接开设证券账户，多券商委托制度。这一政策的颁布为 QFII 投资 A 股市场提供了更好的制度环境，有助于 QFII 更加积极地参与中国资本市场的改革发展。同时，也有助于对 QFII 投资和资金汇出入行为进行更为严格的监管，确保市场的健康运行和稳妥开放。相信随着相关政策的放松和 QFII 的进一步发展，QFII 将会为我国的公司治理改进提供更多的经验和帮助。

# 参 考 文 献

[1] 奥利佛·哈特. 公司治理：理论与启示 [J]. 经济学动态, 1996 (6)：60-63.

[2] 巴曙松. 启动股权分置问题试点：中国股市转型的制度基础 [J]. 中国金融, 2005 (9)：60-61.

[3] 保罗·萨缪尔森, 威廉·诺德豪斯. 微观经济学 [M]. 北京：华夏出版社, 1999.

[4] 贝政新. 基金治理研究 [M]. 上海：复旦大学出版社, 2006.

[5] 崔丹. 英国市场机构投资者异质性与公司业绩研究——基于机构投资者互动视角 [J]. 征信, 2017 (4)：83-88.

[6] 卢建新. 股权结构、公司治理与内部资本市场效率 [J]. 中南财经政法大学学报, 2009 (4)：120-125.

[7] 陈雨露, 汪昌云. 金融学文献通论 [M]. 北京：中国人民大学出版社, 2006.

[8] 范学俊. 美国机构投资者对公司治理的影响 [J]. 外国经济与管理, 1998 (3)：3-11.

[9] 菲利普·戴维斯, 贝恩·斯泰尔. 机构投资者 [M]. 北京：中国人民大学出版社, 2005.

[10] 费方域. 企业的产权分析 [M]. 上海：上海人民出版社, 1998.

[11] 冯根福, 闫冰. 公司股权的"市场结构"类型与股东的治理行为 [J]. 中国工业经济, 2004 (6)：85-92.

[12] 冯根福. 现代公司法人所有权安排的特征、原则和框架 [J]. 经济学家, 1997 (5)：39-49.

［13］伏军．投票代理权法律制度研究［M］．北京：中国人民大学出版社，
2004．

［14］高敬忠，周晓苏，王英允．机构投资者持股对信息披露的治理作用研
究——以管理层盈余预告为例［J］．南开管理评论，2011（5）：129-140．

［15］耿志民．中国机构投资者研究［M］．北京：中国人民大学出版社，2002．

［16］谷立日．外资法人股东有助于公司绩效的提高吗？——一项公司治理视角
下的经验分析［J］．山东工商学院学报，2004（12）：33-38．

［17］哈尔·瓦尔安．微观经济学［M］．北京：经济科学出版社，1997．

［18］何自力．论机构投资者在美国公司治理中的作用［J］．南开经济研究，
1998（3）：57-65．

［19］胡盛昌，干胜道，李万福．机构投资者会影响企业税务激进行为吗？——
基于地缘优势和投资期限异质性角度［J］．中央财经大学学报，2015
（12）：76-84．

［20］胡援成，卢凌．机构投资者、企业融资约束与超额现金持有［J］．当代财
经，2019（2）：62-72．

［21］贾晓松，封文丽．机构投资者与上市公司治理［J］．财贸研究，2002（3）：
61-65．

［22］江向才．公司治理与机构投资人持股之研究［J］．南开管理评论，2004
（7）：33-40．

［23］类淑志，宫玉松．关于机构投资者的几个问题［J］．经济学动态，2004
（3）：53-56．

［24］李青原．论机构投资者在公司治理中的角色定位及政策建议［J］．南开管
理评论，2003（2）：28-33．

［25］罗付岩．机构投资者异质性、投资期限与公司盈余管理［J］．管理评论，
2015（3）：174-184．

［26］李蕾，韩立岩．价值投资还是价值创造？——基于境内外机构投资者比较
的经验研究［J］．经济学（季刊），2013（1）：351-372．

［27］李向前．机构投资者、公司治理与资本市场稳定研究［J］．南开经济研究，
2002（2）：69-73．

［28］李争光，赵西卜，曹丰，卢晓璇．机构投资者异质性与企业绩效——来自中国上市公司的经验证据［J］．审计与经济研究，2014（5）：77-87.

［29］梁能．公司治理结构：中国的实践与美国的经验［M］．北京：中国人民大学出版社，2000.

［30］刘建洲，丁楹．机构投资者的发展对资本市场的影响——以美国为例的分析［J］．证券市场导报，2002（5）：29-34.

［31］刘颖斐，倪源媛．异质机构投资者对企业绩效的影响——基于独立性和稳定性交叉视角下的检验［J］．现代财经——天津财经大学学报，2015（8）：57-69.

［32］刘再华，汪忠，曾德明．机构投资者参与公司治理监督的非合作对策［J］．经济数学，2004（4）：333-337.

［33］娄伟．基金持股与上市公司业绩相关性的实证研究［J］．上海经济研究，2002（6）：58-62.

［34］赖羿飞．定向增发中机构投资者争夺上市公司控制权研究——以 ST 德豪为例［D］．杭州：浙江工商大学，2023.

［35］马超群，陈芮．QFII 持股对上市公司绩效的影响——基于中国 A 股市场的实证研究［J］．金融与经济，2017（6）：11-19.

［36］马歇尔·E. 布鲁姆．华尔街的革命［M］．北京：经济科学出版社，1999.

［37］曼瑟尔·奥尔森．集体行动的逻辑［M］．上海：上海人民出版社，1995.

［38］宁向东．公司治理理论［M］．北京：中国发展出版社，2004.

［39］钱露．证券投资基金与公司绩效关系研究——基于中国 A 股上市公司的证据［J］．中央财经大学学报，2008（12）：40-46.

［40］钱颖一．转轨经济中的公司治理结构［M］．北京：中国经济出版社，1995.

［41］上海证券交易所研究中心．中国公司治理报告（2004 年）：董事会独立性与有效性［M］．上海：复旦大学出版社，2004.

［42］尚福林：努力提高各类机构入市资金比例［N］．上海证券报，2008-12-03（A01）.

［43］邵颖红，朱哲晗，陈爱军．我国机构投资者参与公司治理实证分析［J］．现代管理科学，2002（4）：33-37.

［44］施东晖．股权结构、公司治理与绩效表现［J］.世界经济，2000（12）：
　　　37-44.

［45］隋广军，万俊毅，王伯成．浅析机构投资股东的四大行为策略［J］.暨南
　　　学报（哲学社会科学），2003（3）：48-54.

［46］申璐．机构投资者对上市公司绩效的影响——基于 A-H 股的自然实验
　　　［J］.金融论坛，2015（9）：60-68.

［47］孙凌姗，刘健．机构投资者在公司治理中的作用——基于中国上市公司实
　　　证研究［J］.兰州商学院学报，2006（3）：90-94.

［48］孙永祥，黄祖辉．上市公司的股权结构与绩效［J］.经济研究，1999
　　　（12）：23-39.

［49］汤劲松，黄少军．机构投资者与上市公司治理结构［J］.世界经济与政治
　　　论坛，2003（3）：36-39.

［50］谭江．动态内生性视角下创业板企业机构投资者持股变动与公司绩效研究
　　　［J］.宏观经济研究，2017（2）：77-88.

［51］谭劲松，林雨晨．机构投资者对信息披露的治理效应——基于机构调研行
　　　为的证据［J］.南开管理评论，2016（5）：115-126.

［52］唐正清，顾慈阳．机构投资者参与公司治理：理论分析、经验总结与对策
　　　建立［J］.江淮论坛，2005（3）：36-42.

［53］唐正清，王子文．机构投资者参与公司治理的效应分析［J］.中州学刊，
　　　2005（3）：55-57.

［54］汪忠，孙耀吾，龚红．机构投资者参与公司治理研究综述［J］.经济学动
　　　态，2005（10）：109-114.

［55］王彬，张研．机构投资者与公司治理［J］.国际金融研究，2001（7）：60-
　　　65.

［56］王琨，肖星．机构投资者持股与关联方占用的实证研究［J］.南开管理评
　　　论，2005（8）：27-33.

［57］王雪荣，董威．中国上市公司机构投资者对公司绩效影响的实证分析［J］.
　　　中国管理科学，2009（2）：15-20.

［58］吴淑馄．股权结构与公司绩效的 U 形关系研究——1997—2000 年上市公司

的实证研究 ［J］. 中国工业经济，2002（1）：80-87.

［59］ 吴晓晖，姜彦福 . 机构投资者治理效率研究 ［J］. 统计研究，2006（9）：
33-36.

［60］ 吴晓晖，姜彦福 . 机构投资者影响下独立董事治理效率变化研究 ［J］. 中
国工业经济，2006（5）：105-111.

［61］ 谢魁星，吴姚东 . 论中国公司治理改革与机构投资者的发展 ［J］. 经济评
论，2002（5）：59-65.

［62］ 夏宁，李民 . 机构投资者持股对企业绩效影响的实证研究 ［J］. 经济管理
评论，2014（6）：68-75.

［63］ 向朝进，谢明 . 我国上市公司绩效与公司治理机构关系的实证分析 ［J］.
管理世界，2003（5）：117-124.

［64］ 肖星，王琨 . 证券投资基金：投资者还是投机者？ ［J］. 世界经济，2005
（8）：73-79.

［65］ 许运凯 . 机构投资者参与上市公司治理：美国的经验及启示 ［J］. 中国金
融，2002（12）：49-50.

［66］ 徐椿龄 . 机构投资者积极股东行为有效吗？ ——以黔轮胎 A 公司股利政策
事件为例 ［D］. 上海：华东理工大学，2018.

［67］ 徐琳，林志军，刘衍 . 机构投资者持股、异质性与互联网公司的企业绩
效——基于与制造业的比较研究 ［J］. 财会通讯，2019（6）：3-18.

［68］ 姚靠华，洪昀 . 资本市场流动性与股东积极主义的扩展式博弈研究 ［J］.
财经理论与实践，2009（1）：46-50.

［69］ 姚伟，黄卓，郭磊 . 公司治理理论前沿综述 ［J］. 经济研究，2003（5）：
83-94.

［70］ 于东智 . 股权结构、治理效率与公司绩效 ［J］. 中国工业经济，2001（5）：
54-62.

［71］ 张红军 . 中国上市公司股权结构与公司绩效的理论及实证分析 ［J］. 经济
科学，2000（4）：34-44.

［72］ 张清，严清华 . 机构投资者的介入与公司治理模式的演进与趋同 ［J］. 中
南财经政法大学学报，2005（1）：114-120.

［73］张伟．机构投资者参与公司治理及其效果研究——以獐子岛为例［D］．昆明：云南财经大学，2022.

［74］张维迎．博弈论与信息经济学［M］．上海：上海人民出版社，2004.

［75］张维迎．企业理论与中国企业改革［M］．北京：北京大学出版社，1999.

［76］张小蒂，李风华．机构投资者的策略变动与上市公司治理［J］．财贸经济，2001（9）：18-22.

［77］张先治，贾兴飞．社保基金持股对公司价值的影响研究——基于持股特征异质性的视角［J］．财经问题研究，2014（5）：45-52.

［78］章雁．试论我国机构投资者参与上市公司治理［J］．商业研究，2004（23）：114-116.

［79］赵保国，魏巍，刘优辉．市场机制、股权集中度与公司治理模式［J］．当代财经，2004（4）：75-77.

［80］张涤新，李忠海．机构投资者对其持股公司绩效的影响研究——基于机构投资者自我保护的视角［J］．管理科学学报，2017（5）：82-101.

［81］郑钰佳，吕沙．机构投资者交叉异质性与财务绩效的关系——基于两阶段投资决策模型［J］．财会月刊，2016（15）：34-39.

［82］仲继银．积极投资者的崛起——美国机构投资者为何和如何参与公司治理及其对中国的启示［J］．国际经济评论，2000（5）：41-45.

［83］朱亮，许庆高．机构投资者异质性、高管薪酬与公司业绩［J］．财会通讯，2017（12）：31-35.

［84］《中华人民共和国证券投资基金法》，2003年10月28日第十届全国人民代表大会常务委员会第五次会议通过.

［85］《中华人民共和国公司法》，2005年10月27日第十届全国人民代表大会常务委员会第十八次会议修订通过.

［86］《中华人民共和国信托法》，2001年4月28日第九届全国人民代表大会常务委员会第二十一次会议修订通过.

［87］《中华人民共和国证券法》，2005年10月27日第十届全国人民代表大会常务委员会第十八次会议修订通过.

［88］中国证监会．中国资本市场发展报告［M］．北京：中国金融出版社，2008.

［89］ 中国证监会. 中国证券期货统计年鉴 ［M］. 上海：学林出版社，2007.

［90］ 国泰安研究服务中心，http：//www. gtarsc. com/Login. aspx.

［91］ 全国社保基金理事会，http：//www. ssf. gov. cn/web/index. asp.

［92］ 上海证券交易所，http：//www. sse. com. cn.

［93］ 中国基金网，http：//www. chinafund. com. cn.

［94］ 中国人民银行，http：//www. pbc. gov. cn.

［95］ 中国证监会，http：//www. csrc. gov. cn.

［96］ 中国证券网，http：//www. cnstock. com. cn.

［97］ 中华人民共和国国家统计局，http：//www. stats. gov. cn.

［98］ Admati A R, Pfleiderer P, Zechner J. Large shareholder activism, risk sharing, and financial market equilibrium ［J］. Journal of Political Economy, 1994 (1097)：1130.

［99］ Agrawal A, Knoeber C R. Firm performance and mechanism to control agency problems between managers and shareholders ［J］. Journal of Financial and Quantitative Analysis, 1996 (377)：397.

［100］ Allen F, Bernardo A, Welch, I. The theory of dividends based on tax clienteles ［J］. Journal of Finance, 2000 (2499)：2536.

［101］ Allen F. Do financial institutions matter? ［J］. Journal of Finance, 2001 (1165)：1175.

［102］ Almazan A, Hartzell J, Starks L T. Active institutional shareholders and cost of monitoring：evidence from managerial compensation ［R］. University of Texas at Austin Working Paper, 2005.

［103］ Anderson R C, Reeb D M. Founding-family ownership and firm performance：evidence from the S&P 500 ［J］. Journal of Finance, 2003 (1301)：1328.

［104］ Back K H, Cao H H, Willard G A. Imperfect competition among informed traders ［J］. Journal of Finance, 2000 (2117)：2155.

［105］ Bai C, Liu Q, Lu J, Song F, Zhang J. Corporate governance and market valuation in China ［J］. Journal of Comparative Economics, 2004 (599)：616.

[106] Bathala C T, Moon K P, Rao R P. Managerial ownership, debt policy, and the impact of institutional holdings: an agency perspective [J]. Financial Management, 1994 (38): 50.

[107] Belev B. Institutional investors in Bulgarian corporate governance reform: obstacles or facilitators? [J]. Journal of World Business, 2003 (361): 374.

[108] Bennett J A, Sias R W, Starks L T. Greener pastures and the impact of dynamic institutional preferences [J]. Review of Financial Studies, 2003 (1203): 1238.

[109] Berle A A, Means G C. The Modern Corporation and Private Property [M]. London: Macmillan, 1932.

[110] Bhagat S, Brickley J A, Coles J L. The costs of inefficient bargaining and financial distress: evidence from corporate lawsuits [J]. Journal of Financial Economics, 1994 (221): 247.

[111] Black B S. Agents watching agents: the promise for institutional investor voice [J]. UCLA Law Review , 1992 (811): 893.

[112] Black B S. Institutional investors and corporate governance: the case for institutional voice [J]. Journal of Applied Corporate Finance, 1992 (19): 32.

[113] Borokhovich K, Brunarski K, Harman Y, Parrino R. Variation in the monitoring incentives of outside stockholders [J]. Journal of Law and Economics, 2006 (651): 680.

[114] Bourvea T, Schoenfeld J. Shareholder activism and voluntary disclosure [J]. Review of Accounting Studies, 2017 (731): 762.

[115] Brickley J, Lease R, Smith C. Ownership structure and voting on antitakeover amendments [J]. Journal of Financial Economics , 1988 (267): 291.

[116] Brown W O, Maloney M T. Exit, voice, and the role of corporate directors: evidence from acquisition performance [R]. Claremont Colleges Working Paper, 1999.

[117] Bushee B J. The influence of institutional investors on myopic R&D investment

behavior [J]. The Accounting Review, 1998 (305): 333.

[118] Carleton W T, Nelson J M, Weisbach M S. The influence of institutions on corporate governance through private negotiations: evidence from TIAA-CREF [J]. Journal of Finance, 1998 (1335): 1362.

[119] Chen K, Yuan, H. Earnings management and capital resource allocation: evidence from China's accounting-based regulation of rights issues [R]. Working Paper, 2001.

[120] Chen Z, Moshirian F. China's financial services industry: the intra-industry effects of privatization of the Bank of China Hong Kong [J]. Journal of Banking and Finance, 2005 (2291): 2324.

[121] Chen X, Harford J, Li K. Monitoring: Which Institutions Matter? [J]. Journal of Financial Economics, 2007 (279): 305.

[122] Chidambaran N K, John K. Relationship investing: large shareholder monitoring with managerial cooperation [J]. NYU Working Paper, 1998.

[123] Clay D. G. The effects of institutional investment on CEO compensation [J]. University of Southern California Working Paper, 2000.

[124] Clay D G. Institutional ownership and firm value [R]. University of Southern California Working Paper, 2002.

[125] Coffee J C. Liquidity versus control: the institutional investor as corporate monitor [J]. Columbia Law Review, 1991 (1277): 1368.

[126] Cornett M M, Marcus A J, Saunders A. Theimpact of institutional ownership on corporate operating performance [J]. Journal of Banking and Finance, 2007 (1771): 1794.

[127] Cosh A, Hughes A. EnterpriseBritain: growth, innovation and public policy in the small and medium sized enterprise sector [M]. London: Press of Cambridge University, 1998.

[128] Daily C M, Johnson J L, Ellstrand A. E, Dalton D R. Institutional investor activism: follow the leaders? [R]. Purdue and Indiana University Working Paper, 1996.

［129］ David P, Kochhar R. Barriers to effective corporate governance by institutions investors: implications for theory and practice ［J］. European Management Journal, 1996 (457): 466.

［130］ Demsetz L, Lehn K. The structure of corporate ownership: causes and consequences ［J］. The Journal of Political Economy, 1985 (1155): 1177.

［131］ Dewenter K, Malatesta P H. State-owned and privacy owned firms: An empirical analysis of profitability, leverage and labor intensity ［J］. American Economic Review, 2001 (320): 334.

［132］ Duggal R, Millar J A. Institutional ownership and firm performance: the case of bidder returns ［J］. Journal of Corporate Finance, 1999 (103): 117.

［133］ Eaton L. Judging mccall by the numbers : scrutinizing a pension fund ［N］. The New York Times, 2002-10-07.

［134］ Faccio M, Lasfer M A. Do occupational pension funds monitor companies in which they hold large stakes? ［J］. Journal of Corporate Finance, 2000 (71): 110.

［135］ Fama E, MacBeth J. Risk, return, and equilibrium: Empirical tests ［J］. Journal of Political Economy, 1973 (607): 636.

［136］ Gillan S L, Starks L T. Corporate governance proposals and shareholder activism: the role of institutional investors ［J］. Journal of Financial Economics, 2000 (275): 305.

［137］ Goranova M L, Ryan L V. Shareholder activism: a multidisciplinary review ［J］. Social Science-Electronic Publishing, 2014 (715): 734.

［138］ Goranova M L, Priem R L, Ndofor H A, Trahms C A. Is there a "dark side" to monitoring? Board and shareholder monitoring effects on M&A performance extremeness ［J］. Strategic Management Journal, 2017 (2285): 2297.

［139］ Gorton G, Kahl M. The scarcity of effective monitors and its implications for corporate takeovers and ownership structures ［J］. Anderson Graduate School of Management Working Paper, 2001.

［140］ Graves S B. Institutions ownership and corporate R&D in the computer industry

[J]. Academy of Management Journal, 1988 (417): 428.

[141] Grier P, Zychowicz E J. Institutional investors, corporate discipline, and the role of debt [J]. Journal of Economics and Business, 1997 (1): 11.

[142] Grossman S J, Hart O D. Takeover bids, the free rider problem, and the theory of corporation [J]. The Bell Journal of Economics, 1980 (42): 64.

[143] Guercio D D. The distorting effect of the prudent-man laws on institutional equity investments [J]. Journal of Financial Economics, 1996 (31): 62.

[144] Guercio D D, Hawkins J. The motivation and impact of pension fund activism [J]. Journal of Financial Economics, 1999 (293): 340.

[145] Hartzell J C, Starks L T. Institutional investors and executive compensation [J]. Journal of Finance, 2003 (2351): 2373.

[146] Helwege J, Liang N. Is there a pecking order? Evidence from a panel of IPO firms [J]. Journal of Financial Economics , 1996 (429): 458.

[147] Hoang L, Fariborz M, et al. How do foreign institutional investors enhance firm innovation [J]. Journal of Financial and Quantitative Analysis, 2017 (1449): 1490.

[148] Jensen M, Murphy K. Performance pay and top-management incentives [J]. Journal of Political Economy, 1990 (225): 264.

[149] Jensen M. The modern industrial revolution, exit, and the failure of internal control systems [J]. Journal of Finance, 1993 (831): 880.

[150] Jensen R, Ruback C. The market for corporate control: the scientific evidence [J]. Journal of Financial Economics, 1983 (5): 50.

[151] John K, Senbet L. Corporate governance and board effectiveness [J]. Journal of Banking and Finance, 1998 (371): 403.

[152] Karpoff J M. The impact of shareholder activism on target companies: a survey of empirical findings [R]. University of Washington Working Paper, 1998.

[153] Karpoff J M, Malatesta P H, Walking R A. Corporate governance and shareholder initiatives: empirical evidence [J]. Journal of Financial Economics, 1996 (365): 395.

[154] Keasey K, Thompson S, Wright, M. Corporate governance-economic, management, and financial issues [M]. London: Oxford University Press, 1997.

[155] Koh P S. On the association between institutional ownership and aggressive corporate earnings management in Australia [J]. British Accounting Review, 2003 (5): 128.

[156] La Porta, Lopez-de-Silanes R, Shleifer F, Vishny R W. Investor protection and corporate governance [J]. Journal of Financial Economics, 2000 (3): 27.

[157] Lakonishok J, Shleifer A, Vishny R. Window dressing by pension fund managers [J]. American Economic Review, 1991 (227): 231.

[158] Lipton M, Rosenblum S A. A new system of corporate governance: the quinquennial election of directors [J]. University of Chicago Law Review, 1991 (187): 253.

[159] Maug E. Large shareholder as monitors: is there a trade-off between liquidity and control? [J]. Journal of Finance, 1998 (65): 98.

[160] McConnell J J, Servaes H. Additional evidence on equity ownership and corporate value [J]. Journal of Financial Economics, 1990 (595): 612.

[161] Murphy K J, Van Nuys K. Governance, behavior and performance of state and corporate pension funds [R]. Simon School of Business Working Paper, 1994.

[162] Nesbitt S L. Long-term rewards from shareholder activism: a study of the "CalPERS" effect [J]. Journal of Applied Corporate Finance, 1994 (75): 80.

[163] Noe T H, Rebello M J. Consumer activism, producer groups and production standards [J]. Journal of Economic Behavior and Organizations, 1995 (69): 85.

[164] Norli O, Ostergaard C, Schindele I. Liquidity and shareholder activism [J]. The Review of Financial Studies, 2015 (124): 151.

[165] Opler T C, Sokobin J. Does coordinated institutional activism work? An analysis of the activities of the council of institutional investors [R]. Ohio State

University Working Paper, 1997.

[166] Parrino R, Sias R W, Starks L T. Voting with their feet: institutional ownership changes around forced CEO turnover [J]. Journal of Financial Economics, 2003 (3): 46.

[167] Pound J. Beyond takeovers: politics comes to corporate control [J]. Harvard Business Review, 1992 (83): 93.

[168] Pound J. Proxy contest and the efficiency of shareholder oversight [J]. Journal of Financial Economics, 1988 (237): 265.

[169] Pozen R C. Institutional investors: the reluctant activists [J]. Harvard Business Review, 1994 (140): 149.

[170] Prevost A K, Rao R P. Of what value are shareholder proposals sponsored by public pension funds? [J]. The Journal of Business, 2000 (177): 204.

[171] Qi D, Wu W, Zhang H. Shareholding structure and corporate performance of partially privatized firms: evidence from listed Chinese companies [J]. Pacific-Basin Finance Journal, 2000 (587): 610.

[172] Rock E B. The logic and (uncertain) significance of institutional shareholder activism [J]. Georgetown Law Journal, 1991 (445): 487.

[173] Roe M J. Political and legal restraints on ownership and control of public companies [J]. Journal of Financial Economics, 1990 (7): 41.

[174] Romano R. Public pension fund activism in corporate governance reconsidered [J]. Columbia Law Review, 1993 (795): 853.

[175] Schneider M. When financial intermediaries are corporate owners: an agency model of institutional ownership [J]. Journal of Management and Governance, 2000 (207): 237.

[176] Shleifer A, Vishny R W. Large shareholders and corporate control [J]. Journal of Political Economy, 1986 (461): 488.

[177] Smith C W, Watts R. The investment opportunity set and corporate financing, dividend and compensation policies [J]. Journal of Financial Economics, 1992 (263): 292.

[178] Smith M P. Shareholder activism by institutional investors: evidence from CalPERS [J]. Journal of Finance, 1996 (227): 252.

[179] Strickland D, Wiles K W, Zenner M. A requiem for the USA: is small shareholder monitoring effective? [J]. Journal of Financial Economics, 1996 (319): 338.

[180] Stughton N, Zechner J. IPO-Mechanisms, monitoring and ownership structure [J]. Journal of Financial Economics, 1998 (45): 77.

[181] Sun Q, Tong W H. China share issue privatization: the extent of its success [J]. Journal of Financial Economics , 2003 (183): 222.

[182] Tian G L. State shareholding and the value of China's modern firms [R]. London Business School Working Paper, 2001.

[183] Velurya U, Jenkins D S. Institutional ownership and the quality of earnings [J]. Journal of Business Research, 2006 (1043): 1051.

[184] Wagster J D, Prevost A. Wealth effects of the CalPERS "hit list" to SEC changes in the proxy rules [R]. Wayne State University Working Paper, 1996.

[185] Wahal S. Pension fund activism and firm performance [J]. Journal of Financial and Quantitative Analysis, 1996 (1): 23.

[186] Webb R, Beck M, Mckinnon R. Problems and limitations of institutional investor participation in corporate governance [J]. Corporate Governance, 2003 (65): 73.

[187] Wei Z, Zhang S. Ownership structure and firm value in China's privatized firms: 1991-2001 [J]. Journal of Financial and Quantitative Analysis, 2005 (87): 108.

[188] Wiliamson O E. The Economic Institutions of Capitalism [M] . New York: Free Press, 1985.

[189] Woidtke T. Agents watching agents? Evidence from pension fund ownership and firm value [J]. Journal of Financial Economics, 2002 (99): 131.

[190] Xu X, Wang Y. Ownership structure and corporate governance in Chinese stock companies [J]. China Economic Review, 1999 (10): 75-98.

# 后　记

　　本书是在我的博士学位论文的基础上修改而来，并加入了最新的研究进展和实践案例。虽然里面的实证部分由于种种原因未能采用最新数据资料，但是书中的政策建议仍然对当今的证券市场有一定的参考价值。希望能尽个人微薄之力，为促进我国证券市场稳定持续发展贡献力量。

　　在本书得以顺利撰写完成之际，我要感谢导师张中华教授，他对本书的基础——博士学位论文的撰写工作提供了大力支持，进行了仔细的批阅，并提出了宝贵的、极富建设性的意见，在此表示由衷的感谢。我还要感谢参与博士论文答辩的知名专家，本书得到了他们许多中肯的极富建设性的意见，在此向他们表示诚挚谢意。本书得到了同门师兄妹的帮助，也参考了国内外同仁的文章以及著作，在此一并向他们表示诚挚的感谢。

　　由于时间仓促，个人水平有限，不足之处在所难免，诚恳地欢迎同行专家和读者批评指正，并提出宝贵的意见。

钱　露

2024 年 5 月于光谷